Inge Kloss

30.12.2009

Mahātmā Gandhi
Der Atem der Seele

Mahātmā Gandhi

Der Atem der Seele

Über Gottesliebe und Gebet

Ausgewählt und übersetzt
von Henrike Rick

Eingeleitet und herausgegeben
von Martin Kämpchen

Patmos

Bibliografische Information der Deutschen Bibliothek

Die Deutsche Bibliothek verzeichnet diese Publikation in der Deutschen Nationalbibliografie; detaillierte bibliografische Daten sind im Internet über http://dnb.ddb.de abrufbar.

Unveränderte Neuausgabe des 1999 unter dem Titel *Aus der Tiefe des Herzens* erschienenen Buches

Reihenkonzept und Einbandgestaltung:
Gudrun Pawelke, Büro für Ausdrucksfindung
Umschlagbild: © Gerhard Richter
Printed in Germany
ISBN 3-491-71303-x
www.patmos.de

Inhalt

II Eine spontane Herzenserhebung

III Wege zur Gemeinschaft mit Gott

V Formen der Anbetung

VI Rāma-Nāma – Den Namen Gottes im Herzen tragen

VII Schlusspunkt

Einleitung

Von Mahātmā Gandhi können wir, unter allen indischen Heiligen und Philosophen, am meisten lernen. Seine Worte sind einfach und von unbedingtem Ernst: Sie treffen direkt ins Herz. Um sie zu verstehen, brauchen wir keine Vorbildung über hinduistische Philosophie, über indische Gesellschaft und Lebensweise, und die Texte in diesem Buch verlangen nicht einmal eine Orientierung über die geschichtliche Situation, in die Gandhi hineingesprochen hat.

Kein zweiter großer Inder ist so unmittelbar. Rabindranath Tagore bedarf der einfühlend-poetischen Übertragung aus seiner bengalischen Muttersprache. Aurobindo hat zumeist spekulativ schwierige, auf dramatische Sprachbögen gespannte philosophische Werke verfasst. Auch der kindliche Ekstatiker Ramakrishna will mit Vorbereitung und Einübung verstanden sein.

Das heißt nicht, dass Gandhi nicht in die Gesellschaft und Spiritualität seiner Heimat integriert gewesen ist. Seine Gedanken haben ihre Wurzeln tief in der Erde seines Landes. Und er sprach bei fast allen Texten, die wir in diesem Band lesen, für Inder seiner Zeit. Doch zwei Merkmale machen seine Worte für uns – und für alle – unmittelbar verständlich.

Erstens: Wir erkennen an jedem einzelnen Satz, den wir lesen, dass er ein *Lebenszeugnis* ist. Gandhi ist nicht spekulativ, nicht poetisch-fantasievoll, er löst nicht mystisch alles Welthaltige auf, sondern jeder Satz ist ein Satz der Lebenserfahrung und wird um einer bestimmten Wirkung willen an einen bestimmten Leser- und Hörerkreis gerichtet. Das gibt den Texten Konkretheit, Anschaulichkeit, eine Überzeugungskraft, die allgemein-menschlich anziehend ist. Jeder Mensch, der ernsthaft ist, lässt sich von diesen mit dem Leben bezahlten Worten beeindrucken.

Zweitens: Beinahe überrascht stellen wir fest, wie *universal* Gandhis Denken ist – und damit der Hinduismus seiner Denkart. Oft glauben wir, über ein Wort reflektierend, ein Christ spreche zu uns. Oder wir denken: Gewiss hat Gandhi das einem christlichen Briefeschreiber oder Gesprächspartner mitgeteilt. Und doch entdecken wir, gehen wir der Sache nach, dass etwa jener Text einem Zeitungsaufsatz entstammt, den Gandhi an Leser aller Religionsgemeinschaften gerichtet hatte. Die Universalität des Hinduismus kristallisiert sich in der Denkart Gandhis auf eine für unsere moderne Weltsituation fruchtbare Weise.

Das »Indische« an Gandhi liegt zunächst in dem inklusivistischen Denken, das Fundament östlicher Denkweise ist. Gandhi heißt Vielfalt gut, aber er behauptet, sie werde »zusammengehalten«, getragen von einer Einheit, die allumfassend ist. Er erkennt an, was verschieden von ihm ist, weil er sich dennoch damit verwandt fühlt. Insofern ist Gandhis Denkhaltung erfrischend positiv, bewahrend, tolerant. Zwei Sanskrit-Begriffe stehen in Gandhis Lebensmitte: *Satya* und *Ahimsā*, das heißt Wahrheit oder Wahrhaftigkeit und Gewaltlosigkeit; beides sind Begriffe, die den Lebensnerv nicht nur des Hinduismus, sondern auch des Buddhismus und Jinismus berühren. »Wahrheit« ist nicht bloß ein Zustand der Richtigkeit, sondern eine

Kraft, ein dynamisches Prinzip. Wer sich dieser Kraft anvertraut, der wird von ihr getragen, geschützt; wer sich ihr entgegenstellt, bezahlt mit Leiden, Unglück, Unerlöstheit.

Satyāgraha (Festhalten an der Wahrheit) baut auf diesem Verständnis von Wahrheit auf. Wer sich dazu entschließt, in radikaler Ehrlichkeit an der Wahrheit festzuhalten, muss sich dieser Kraft, dieser Dynamik der Wahrheit ebenso radikal anvertrauen. Wer also in die Wahrheit eintritt, lässt sich von ihrer »Woge«, ihrer »Strömung« tragen. Er tritt gewissermaßen in ein anderes Lebensgesetz, in eine andere Lebenslogik ein.

Mahātmā Gandhi hatte den Mut, diese spirituelle Logik auf die politische Sphäre anzuwenden. *Satyāgraha* war und ist die Grundvoraussetzung für alle politischen Aktionen im Sinne Gandhis; die Einübung in *Satyāgraha* ist darum wichtig für alle Schüler und Nachfolger des Mahātmā.

Gewaltlosigkeit *(Ahimsā)* ist das wesentliche Merkmal eines Lebens, das an der Wahrheit festhält. Für Gandhi ist Gewaltlosigkeit die Konsequenz vollkommener Wahrhaftigkeit im mitmenschlichen und kosmischen Bereich. Gandhi war durchdrungen von der Überzeugung, dass jede Art von Gewalt – in Gedanken, Worten und Handlungen, gegen Menschen, Tiere, die Natur und den Kosmos – wider-göttlich, tief unwahr ist. Das Festhalten an der Wahrheit wurde für ihn die Suche nach vollkommener Nicht-Gewalt. Darauf baute seine Gesellschaftsphilosophie und seine Praxis eines gewaltlosen Zusammenlebens auf. Die Logik von *Satyāgraha* inspirierte seine Vision von einer nationalen Wirtschaft, die ohne Schwerindustrie, ohne

Großstädte, ohne Luxusgüter auskam und stattdessen das Dorf selbstständig machte und ihm die einfache menschliche Würde zurückgab.

Mahātmā Gandhi heißt in Indien »Vater der Nation«, da man in ihm die bedeutendste Triebkraft im Kampf um die Unabhängigkeit sieht. Durch seine Führung erlangte Indien politische Freiheit, aber schon vor 1947 war die Führungsschicht im Lande nicht mehr bereit, Gandhis religiös-gesellschaftlichen Idealen zu folgen. Diese waren zu anspruchsvoll, zu asketisch, gaben der »weltlichen« Seite des Menschen – seiner Sucht nach Macht, Geltung, Lebensgenuss und seiner Eigenmächtigkeit – keinen Spielraum. In gewissem Sinn war Gandhis Vision »zu indisch«, zu stark den alten asketisch-mönchischen Lebensvorbildern verpflichtet. Dabei wachte doch Indien in jenen Nachkriegsjahren mit dem Bewusstsein auf, dass die Unabhängigkeit das Land in eine moderne Welt gestellt hatte, in der es sich behaupten wollte. Die Weichen zur politischen Zentralisierung, zur Großindustrie, zu Landflucht und Verstädterung wurden gestellt. Ein politischer Führer nach dem anderen nannte Gandhi verehrungsvoll den »Vater der Nation« – sie alle, bis zum heutigen Premierminister, haben ihn noch erlebt –, aber sie widerstehen dem Sog der internationalen Strömung nicht. Die indische Bevölkerung in den Städten strebt weitgehend naiv nach den Segnungen der technischen Zivilisation, während Gandhi nicht einmal als »Alternative« im Gespräch bleibt. Heute setzt man auf »Supercomputer«, weniger dagegen zum Beispiel auf ökologische Gewaltlosigkeit und Gewaltlosigkeit in der Landwirtschaft. Für den städtischen College-Studenten, erzählt mir ein

Soziologe, gibt die Regierung fünfzigmal mehr Geld aus als für den Bauernjungen gleichen Alters in einem indischen Dorf.

Es ist keineswegs paradox, dass Gandhi über den Westen wieder in Indien Einzug zu halten beginnt.* Europa und Amerika haben traumatische Erfahrungen mit all dem gemacht, wonach Indien, anscheinend begierig, die Hände ausstreckt. Europa ist allmählich bereit, sich von seinem technologischen Fortschrittsglauben zu distanzieren, und hält darum Idealvorstellungen, wie jene von Gandhi, für nachdenkenswert. Und da der Westen sich heute Gandhi gegenüber empfänglich zeigt, wittert die indische Elite etwas Nachahmenswürdiges. Aber, wie Detlef Kantowsky feststellt, es wird noch lange Zeit dauern, bis diese Elite, sich von ihren ausländischen Modellen lösend, auf Gandhi umschwenkt, denn diesen Modellen verdankt sie ihre Existenz und ihren Wohlstand.**

Es gibt aber auch andere Gründe, warum Gandhi sich im Westen großer Beliebtheit erfreut, Gründe, die tiefer in der Eigenart Gandhis selbst liegen. Ich glaube, dass seine Auffassung von *Satya* als einer dynamischen Wahrheits-Kraft und von *Ahimsā* als einer dynamischen, im gesellschaftlichen Leben geübten Gewaltlosigkeit unsere christliche Friedensethik schöpferisch ergänzen kann. Immerhin beruft sich Gandhi auf die Bergpredigt, auf Tolstoi und Ruskin. Auch seine Gottesvorstellung entspricht – überspitzt formuliert – bei-

* Vgl. Detlef Kantowsky: Gandhi – Coming Back from West to East?, in: Gandhi Marg (New Delhi) 3/1983.

** A. a. O., S. 139.

nahe mehr den christlichen als den hinduistischen Traditionen. So lesen wir in diesem Buch Texte, in denen Gandhi zwar die Bilderverehrung und den Tempelbesuch als solche gutheißt, doch für sich selbst ablehnt. Dabei sind Hindus, die große Mehrzahl von ihnen, doch so eifrige Bilderverehrer und Tempelbesucher, Wallfahrer und Menschen, die in jedem Baum und Stein ein Symbol für etwas Heiliges zu sehen bereit sind! Sich von alldem abwendend, zog Gandhi es vor, Gott im Menschen zu sehen. Wenn er schreibt, dass es nur einen Weg gebe, auf dem man im Licht Gottes gehen könne, nämlich indem man Gottes Schöpfung diene, und wenn er immer wieder bezeugt, Gott wohne unter den Armen, dann meint er dasselbe wie Jesus Christus, der sagt: Was du den geringsten meiner Brüder und Schwestern getan hast, das hast du mir getan (Matthäus 25,40). Gandhi war kein Mystiker, kein spekulativer Geist, kein Yogi; das Leben der Hindu-Wandermönche und Einsiedler inspirierte ihn nicht; für ihn wichen sie alle von der Glaubensmitte ab: von Gott im Menschen, besonders im Armen. Alle jene typisch indischen Gestalten spiritueller Existenz übergingen er und seine Nachfolger zugunsten einer Einstellung, die uns christlich anmutet. Darum können wir auch Gandhis Beten so gut folgen. Die Richtung seiner Gedanken erscheint Christen richtig zu sein. Die Worte klingen vielleicht neu, aber gerade darum sind sie so erfrischend und nachdenkenswert.

Da Gandhi Gott im Menschen erkennt, misst er der *Arbeit* große Bedeutung zu. Der Dienst an Menschen, die Arbeit für und mit Menschen wird zum Gottesdienst. Arbeit wird zur Form der Askese – was wiederum eher protestantisch als hinduistisch klingt. Die notwendige Folge der Arbeit unter den Menschen ist das *Leid.* Durch die Gemeinschaft mit Menschen öffnen wir uns Konflikten, der Feindseligkeit, dann dem Leid. Die breite Tradition der indischen Religionen sieht im Leiden etwas Unwirkliches und Vorläufiges, was wie eine Wolke die Sonne der Glückseligkeit verbirgt. Glückseligkeit *(Ānanda)* ist Gott. Sosehr uns der optimistische Schwung dieser Vorstellung hinreißt, uns will das Leid wirklichkeitsschwerer erscheinen. Und vor allem: Wir möchten versuchen, dem Leid positive Seiten abzugewinnen. Eben das hat auch Gandhi getan, wie uns mehrere Texte in diesem Band zeigen. Leid läutert uns wie Feuer, damit wir rein in Gefühl, Vorstellung und Willen werden. Gebet ist, für Gandhi, Teilnahme an diesem Läuterungsprozess aus eigener religiöser Verantwortung, damit wir, wenn das Leid kommt, es nicht abwehren (und dadurch geistig unfruchtbar machen), sondern annehmen, damit es uns reinigt. Gandhi hatte darum als eine der wenigen modernen Persönlichkeiten des Hinduismus eine verständnisvoll annehmende Einstellung zu Christi Passion und Kreuzestod. Er sagt, dass Christi Vorbild ihm bei seinen Bemühungen um Gewaltlosigkeit stets vor Augen gewesen sei.*

Mahātmā Gandhi spricht über beinahe alle Formen des Gebetes, die unser Alltag kennt. Da ist das stille persönliche Gebet, welches, spontan formuliert, meist einen

* Vgl. M. M. Thomas. The Acknowledged Christ of the Indian Renaissance, Mandras ²1976, S. 201.

bestimmten Anlass hat; das regelmäßige Abend- und Morgengebet, das der Beter allein verrichtet; dann das Gemeinschaftsgebet, bei dem eine große Anzahl von Betern dieselben Gebete gemeinsam sprechen oder dieselben Hymnen singen; und schließlich das Herzensgebet – Gandhi nennt es *»Rāma-Nāma«*. Die Gemeinschaftsgebete wurden in Gandhis Āshram frühmorgens und abends von der Āshram-Gemeinde verrichtet sowie auf den großen Gebetstreffen, die Gandhi gern veranstaltete.

Gemeinschaftsgebet und Gebetstreffen haben im Hinduismus nicht so tiefe Wurzeln wie im Christentum. Im Allgemeinen bevorzugt der Hindu das private Gebet; auch das rituelle Gebet ist meist ein individueller Akt oder ein Akt, den Priester und Laienverehrer gemeinsam ausführen. Der Brāhmo Samāj, eine neohinduistische Vereinigung, die im letzten Jahrhundert blühte, führte das regelmäßige Gemeinschaftsgebet ein, das auch im Umkreis von großen Männern wie Ramakrishna und Rabindranath Tagore, die Beziehungen zum Brāhmo Samāj besaßen, gepflegt wurde. Traditionelle Formen des Gemeinschaftsgebetes kennen vorwiegend die theistischen Glaubensgemeinschaften (Vishnuismus und Sivaismus): die gemeinsame Rezitation aus den heiligen Schriften, die litaneiartige Anrufung der Namen Gottes *(Sahasra-Nāma)* sowie den spontan-ekstatischen Refraingesang *(Kīrtan)*, etwa das auch bei uns bekannte »Hare Krishna, Hare Rāma?«.

Der Übung des *Rāma-Nāma*, das heißt der ständigen Wiederholung des Gottesnamens *»Rāma«*, gibt Gandhi einen breiten Raum. Sie hat ihre christliche Entsprechung im Jesusgebet; Gandhi lobt die Wirkung dieser

Übung mit ähnlich begeisterten Worten wie die Hesychasten der orthodoxen Kirche das Jesusgebet. Dies ist wohl die am meisten verinnerlichte Gebetsform, die Gandhi geübt und verkündet hat.

Warum spricht Gandhi nicht über Meditation? Wohl lobt er Fasten und Schweigen als asketische Methoden, das Gebetsleben zu unterstützen; doch eine Vertiefung des Gebetes durch eine wort- und gedankenfreie Meditation oder durch die Meditation der einfachen Beschauung scheint er nicht anzustreben. Zumindest spricht er nicht darüber. Auch spricht er nicht von Ekstase oder von den hinduistischen Entsprechungen solcher Zustände wie »Eingenommenheit«, »eingegossenes Gebet«, »Bewegungen des Geistes«. Gandhi war eben kein Mystiker – darum für Hindu-Verständnis auch eigentlich kein »Heiliger«, kein Befreiter *(Jīvanmukta)*.

Allerdings fehlen bei ihm – neben diesen »höheren« Weisen des Gebetes – auch zwei Gebetsformen, die durchaus der alltäglichen Erfahrung angehören. Erstens das liturgische (rituelle) Gebet, das Gandhi nicht praktizierte, weil er als Nicht-Bilderverehrer und Nicht-Tempelbesucher kein Ritualist war. Zweitens, zusammenhängend damit, fehlt eine »Ästhetik des Gebetes«, nämlich die Erfahrung, dass sinnenhaft erlebbare Schönheit dem Geist hilft, sich zu Gott zu erheben. Gandhi schreibt nicht von Blumen und religiösen Gebrauchsgegenständen oder Symbolen, deren Dasein die Menschen erfreut, nicht von geschmackvoll ausgestalteten Gebetsräumen. Er liebte Ordnung und Reinlichkeit – bis dahin ging sein ästhetischer Geschmack. Er war eben auch keine Künstlernatur.

Aber dass er im Gebet Gottes Gnade gefunden hat, ist unbestreitbar. Dürfte er sonst mit einfacher Sicherheit sagen, er könne sich nicht daran erinnern, dass er sich von Gott jemals verlassen gefühlt habe? Seine Worte über das Gebet sind be-geistert, durchdrungen von der Gegenwart des Heiligen Geistes. Wer sie langsam liest, fühlt sich bereits in die Gebetsstimmung, ins Gebet hineingeführt. Die achtsame Lektüre ist der erste – und größte – Schritt hin zur Befolgung von Gandhis Worten.

*

Die Texte hat die Übersetzerin aus dem Sammelband »Prayer«* von M. K. Gandhi ausgewählt. In diesem Band sind Abschnitte aus den unterschiedlichen Schriften Gandhis zusammengestellt: aus seinen Zeitungen »Harijan« und »Young India«, aus seiner Autobiographie, seiner »Regel« für die Āshram-Gemeinden, aus Reden, Interviews, aufgezeichneten Gesprächen und vor allem aus Briefen, die oft Unbekannten, die geistigen Rat erbaten, Antwort gegeben haben. Jeder Text verdankt seine Entstehung einem bestimmten Anlass.

Martin Kämpchen

* Navajivan, Ahmedabad 1977.

I

Ohne Gebet kein innerer Friede

Wahres Menschsein

Die Botschaft jeder Religion lautet, dass der Mensch nicht wirklich Mensch ist, wenn er nicht seinen Schöpfer preist. (26)

Der innere Kampf

Wir sind auf der Welt, um unseren Mitmenschen zu dienen, und das kann uns nur gelingen, wenn wir hellwach sind. In der Brust des Menschen tobt ein ewiger Kampf zwischen den Mächten der Dunkelheit und des Lichtes, und wer sich nicht auf den Notanker des Gebetes verlassen kann, wird den Mächten der Dunkelheit unterliegen. Ein Mensch des Gebetes ist im Frieden mit sich und der ganzen Welt; ein Mensch, der ohne Gebet im Herzen an die Dinge dieser Welt herangeht, ist bedauernswert und wird auch die Welt in einen bedauernswerten Zustand bringen. So trägt das Gebet nicht erst nach dem Tod eines Menschen seine Früchte, sondern hat schon jetzt einen unschätzbaren Wert für die Menschen hier in der Welt der Lebenden. Gebet ist das einzige Mittel, um Ordnung, Frieden und Ruhe in unser tägliches Handeln zu bringen.

Wir Bewohner des Āshrams sind hierher gekommen auf der Suche nach der Wahrheit und mit dem Willen, an der Wahrheit festzuhalten. Wir haben zwar das Versprechen abgelegt, an die Wirksamkeit des Gebetes zu glauben, aber bis heute hat das Gebet keine lebensentscheidende Rolle für uns gespielt. Wir haben ihm nicht die gleiche Bedeutung beigemessen wie anderen Dingen. Eines Tages bin ich aus dem Schlaf erwacht und habe erkannt, dass ich meine Pflicht in dieser Sache erbärmlich vernachlässigt habe. Darum habe ich Maßnahmen für eine strenge Disziplin vorgeschlagen, was mit Sicherheit nicht unser Schaden sein wird. Vielmehr habe ich die Hoffnung, dass es uns damit besser geht. Denn es ist doch so offensichtlich: Sorge dich um das Wesentliche, und alles andere wird für sich selbst sorgen. Richte einen Winkel eines Quadrats richtig aus, dann werden die übrigen Winkel automatisch richtig sein.

Beginne darum deinen Tag mit Gebet und lege so viel Inbrunst hinein, dass die Wirkung in dir bis zum Abend anhält. Beschließe den Tag mit Gebet, damit du eine friedvolle Nacht hast, frei von schlechten Träumen und Albdrücken. Mache dir keine Gedanken über die Form deines Gebetes. Sie kann beliebig sein, doch sollte sie uns zur Gemeinschaft mit dem Göttlichen führen. Nur – welche Form du auch wählst – darfst du es nicht zulassen, dass der Geist umherwandert, während dein Mund Worte des Gebetes ausspricht. (8/9)

Herzenserforschung

Warum soll man überhaupt beten? Weiß nicht Gott – wenn es ihn gibt – ohnehin, was geschieht? Bedarf er des Gebetes um seine Pflichten erfüllen zu können? Nein, Gott braucht keinen Mahner. Er ist in jedem Menschen gegenwärtig. Nichts geschieht, was er nicht zulässt. Unser Gebet ist eine Herzenserforschung, eine Mahnung an uns selbst, dass wir ohne seine Hilfe hilflos sind. Es gibt keine vollkommene Leistung ohne das Gebet – ohne die eindeutige Erkenntnis, dass selbst das beste menschliche Streben keine Frucht bringt, wenn nicht der Segen Gottes auf ihm ruht. Gebet ist ein Aufruf zur Demut. Es ist ein Aufruf zur Selbstreinigung, zur Erforschung des Inneren. (56)

Göttliche Heimsuchung

Wenn wir einander zum Gebet auffordern, dann erkennen wir darin ein deutliches Verlangen unserer Seele. Gebet ist ein Zeichen der Reue, eine Sehnsucht, besser, reiner zu werden. Ein Mensch des Gebetes betrachtet die Unglücksfälle des Lebens als göttliche Heimsuchung. Das kann ebenso eine Heimsuchung für Einzelne wie für ganze Völker sein ...

Doch können wir von der allgemeinen Erfahrung sprechen, dass jedes Unheil einen einsichtigen Menschen auf die Knie bringt. Er glaubt, dass dies Gottes Antwort auf seine Sünden ist und dass er sich in Zukunft besser verhalten muss. Seine Sünden haben ihn hoffnungslos schwach gemacht, und in dieser Schwachheit ruft er zu Gott um Hilfe. So haben Millionen von Menschen ihr persönliches Unglück zur eigenen Besserung genutzt. Ja, wir wissen von ganzen Völkern, die den Beistand Gottes angerufen haben, wenn Unglück über sie hereingebrochen war. Sie haben sich vor Gott erniedrigt und Tage der Demut, des Gebetes und der Läuterung ausgerufen. (57/58)

Wahrheit

Jener Gott, den wir erkennen wollen, ist die Wahrheit. Oder anders gesagt: Die Wahrheit ist Gott. Es ist eine Wahrheit, die nicht nur unser Reden bestimmen soll. Wahrheit ist das Einzige, was wirklich ist; sie ist der Stoff, aus dem alle Dinge gebildet sind; sie besteht aus sich selbst fort; sie wird durch nichts anderes erhalten, sondern sie selbst erhält alles, was ist. Allein die Wahrheit ist ewig, alles andere ist flüchtig. Sie braucht keine Gestalt oder Form anzunehmen. Sie ist reine Verstandeskraft ebenso wie reine Seligkeit. Alle Dinge werden durch ihren Willen geordnet. Sie ist eins mit dem Gesetz, das sie verkündet. Darum ist es kein leeres Gesetz. Es lenkt das ganze Universum. (153/154)

Das höhere Gesetz

Es kann überhaupt keinen Zweifel daran geben, dass diese Welt der empfindungsfähigen Lebewesen von einem höheren Gesetz regiert wird. Kannst du dir ein Gesetz ohne dessen Geber vorstellen? – Ich hingegen sage, dass das Gesetz auch der Gesetzgeber ist, und das ist Gott. Wenn wir das Gesetz anbeten, dann sehnen wir uns einfach danach, das Gesetz zu erkennen und ihm zu gehorchen. Wir werden zu dem, was wir ersehnen. Das ist der Grund, warum das Gebet so nötig ist.

(11)

21.2.

Grenzen der Vernunft

Rationalisten sind erstaunliche Lebewesen. Der Rationalismus ist ein abscheuliches Monstrum, wenn er Allmacht für sich beansprucht. An die Allmacht der Vernunft zu glauben ist genauso Götzendienst wie Stock und Stein anzubeten und zu glauben, sie seien Götter.

Wer hat jemals den Nutzen des Gebetes mit Vernunft ergründet? Seinen Nutzen erfährt man nur durch das Tun ...

Ich kenne keinen einzigen Rationalisten, der noch nie etwas einfach aus Glauben getan und jede seiner Handlungen auf Vernunft gegründet hat. Aber wir alle kennen Millionen Menschen, die ihr mehr oder weniger geregeltes Leben in dem kindlichen Glauben an unser aller Schöpfer leben. Genau dieser Glaube ist ein Gebet. (42)

Das Gesetz des Daseins

Es liegt außerhalb meiner Macht, euch zum Glauben an Gott zu bewegen. Es gibt gewisse Dinge, die man an sich selbst erprobt hat, und es gibt gewisse Dinge, die grundsätzlich nicht bewiesen sind. Die Existenz Gottes ist wie ein geometrisches Axiom. Sie übersteigt unser tiefstes Verstehen. Ich will hier nicht von einem intellektuellen Verstehen sprechen. Intellektuelle Bemühungen schlagen mehr oder weniger fehl, denn eine rationale Erklärung kann euch nicht den Glauben an einen lebendigen Gott vermitteln. Der Glaube ist jenseits dessen, was der Verstand erfassen kann. Er übersteigt den Verstand. Es gibt unzählige Phänomene, aus denen ihr die Existenz Gottes schlussfolgern könnt, doch ich würde euren Verstand beleidigen, wenn ich euch eine rationale Erklärung dieser Art anbieten würde. Ich möchte vielmehr, dass ihr all solche rationalen Erklärungen beiseite fegt und anfangt, einfach wie die Kinder an Gott zu glauben.

Wenn das Ich existiert, dann existiert auch Gott. Für mich ist das eine Lebensnotwendigkeit wie für Millionen andere auch. Selbst wenn sie nicht in der Lage sind, darüber zu sprechen, so könnt ihr doch an der Art, wie sie leben, erkennen, dass diese Gewissheit Teil ihres Lebens ist. Ich bitte euch nur, diesem Glauben, der oft so brüchig geworden ist, wieder festen Boden zu geben. Um dies zu tun, müsst ihr eine Menge angelesenes Wissen über Bord werfen, das euren Verstand blendet und euch den Boden unter den Füßen wegzieht. Fangt also einfach an mit dem Glauben, denn er ist auch ein Zeichen der Demut und ein Zugeständnis, dass wir nichts wissen, dass wir geringer sind als Atome in diesem Universum. Ich behaupte, wir sind geringer als Atome, denn die Atome gehorchen dem Gesetz ihres Daseins; wir hingegen verleugnen in der Überheblichkeit unseres Nichtwissens das Gesetz der Natur. (28/19)

Äußerstes Vertrauen

Gott verlässt seine Diener niemals in der Stunde der Versuchung. Bedingung dafür ist, dass man einen lebendigen Glauben und äußerstes Vertrauen zu ihm hat. Darin erweist sich der Glaube: Nachdem wir unsere Pflicht getan haben, sind wir bereit, anzunehmen, was immer er uns schicken mag – Freude ebenso wie Sorge, Glück genauso wie Unglück ...

Und so wird ein Mensch des Gebetes zunächst einmal durch die immer gnädige Vorsehung vom Unglück verschont bleiben; wenn ihm aber ein Unglück widerfährt, dann wird er nicht sein Schicksal beklagen oder Gott die Schuld dafür geben, sondern er wird es in einem unerschütterlichen Frieden des Geistes und in freudiger Einstimmung in seinen Willen ertragen.

(105)

Der tragende Grund

Obwohl ich mich mit dem Hinduismus und anderen Weltreligionen oberflächlich auseinander gesetzt hatte, hätte ich doch wissen sollen, dass das nicht ausreichen würde, mich in Prüfungen zu bewahren. Was ihn in der Prüfung trägt, davon hat der Mensch, solange er mittendrin ist, keine Ahnung und erst recht keine Gewissheit. Ist er ein Ungläubiger, wird er seine Rettung dem Zufall zuschreiben. Ist er ein Gläubiger, wird er sagen, Gott habe ihn gerettet. Er wird zu dem Schluss kommen dürfen, dass sein religiöser Eifer oder seine spirituellen Bemühungen die Grundlage dafür waren, dass er Gnade erfahren durfte. Aber in der Stunde des Ausgeliefertseins weiß er nicht, ob seine spirituellen Bemühungen oder etwas anderes ihn retten. Wer sich auf seine spirituelle Stärke etwas eingebildet hat, hat noch nicht erlebt, wie sie in den Staub niedergedrückt wurde. Kenntnis von einer Religion im Unterschied zur Erfahrung ist ganz und gar wertlos in solchen Augenblicken der Prüfung. (48)

Göttliche Führung

Frage: Was hat bei allen Schwierigkeiten, Zweifeln und Fragen Ihrer Seele die tiefste Ruhe gegeben?

Gandhi: Der lebendige Glaube an Gott.

Frage: Wann haben Sie in Ihrem Leben und in Ihrer Erfahrung zweifelsfrei eine Erscheinung Gottes gehabt?

Gandhi: Ich habe erkannt und glaube, dass Gott einem niemals als Person erscheint, sondern dass er handelnd eingreift und wir verstehen, dass dies allein uns in unseren dunkelsten Stunden gerettet hat.

Frage: Meinen Sie damit, dass Dinge geschehen, die ohne Gott schlechterdings nicht möglich wären?

Gandhi: Ja. Sie geschehen plötzlich und spontan. An ein Erlebnis erinnere ich mich sehr genau. Es steht in Zusammenhang mit meinem 21-tägigen Fasten für die Abschaffung der Unberührbarkeit. In der Nacht zuvor hatte ich mich schlafen gelegt ohne auch nur die leiseste Vorstellung davon, dass ich am nächsten Morgen ein Fasten ausrufen sollte. Etwa um 12 Uhr nachts weckt mich plötzlich etwas auf, und eine Stimme – ich kann nicht sagen, ob in mir oder von außen – flüstert: ›Du musst ein Fasten beginnen.‹ ›Wie viele Tage?‹, frage ich. Darauf die Stimme wieder: ›Einundzwanzig Tage.‹ ›Wann fängt es an?‹, frage ich. Die Stimme sagt:

›Du fängst morgen an.‹ Nachdem ich meine Entscheidung getroffen hatte, schlief ich ruhig ein. Erst nach dem Morgengebet erzählte ich meinen Gefährten davon. Ich gab ihnen ein Stück Papier in die Hand, auf dem ich meine Entscheidung verkündete und sie darum bat, nicht mit mir zu debattieren, da mein Entschluss unwiderruflich sei.

Die Ärzte glaubten zwar, ich würde das Fasten nicht überleben, aber etwas in mir sagte das Gegenteil und dass ich weitermachen sollte. Eine solche Erfahrung hat es weder zuvor noch danach je in meinem Leben gegeben.

Frage: Sicher kann man eine solche Erfahrung nicht aus einem schlechten Ursprung herleiten.

Gandhi: Natürlich nicht. Es kam mir nie in den Sinn, dass ich mich irren könnte. Immer wenn ich in meinem Leben ein geistliches Fasten unternommen habe, war es die gleiche Erfahrung. Es hat einen großen Wert, der Befriedigung des Fleisches zu entsagen. Es ist nicht möglich, Gott von Angesicht zu Angesicht zu schauen, wenn man nicht das Fleisch kreuzigt. Eine Sache ist es, das zu tun, was dem Leib als einem Tempel Gottes dient – eine andere aber, dem zu entsagen, was dem fleischlichen Begehren entspringt. (59/60)

Welt-Sicht

Wenn unser Geist von Gedanken des Gebetes erfüllt ist, dann erscheint uns alles in der Welt gut und angenehm. Gebet ist eine wesentliche Voraussetzung für einen Fortschritt im Leben. (10)

Was ändert sich?

Wahres Gebet bleibt nie unbeantwortet. Das bedeutet nicht, dass wir jede Kleinigkeit, die wir von Gott erbitten, auch bekommen. Nur wenn wir uns bemühen, bewusst unsere Selbstsucht abzulegen, und uns Gott in echter Demut nähern, dann finden unsere Gebete eine Antwort.

Im Gebet des Āshrams bitten wir um nichts. Wir beten darum, dass Gott uns zu besseren Männern und Frauen machen möge. Wenn das Gebet wahrhaft aus dem Herzen kommt, dann wird Gottes Gnade gewiss auf uns herabsteigen. Es gibt keinen einzigen Grashalm, der sich bewegt, ohne dass er es will; und es gibt keinen einzigen wahren Gedanken, der nicht seine Spuren in der Persönlichkeit hinterlässt. Darum ist es gut, das Beten zu einer täglichen Gewohnheit zu machen. (18)

Zwei Arten von Furcht

Gebet spielt eine große Rolle beim Opfer der Selbstreinigung, und du wirst sehen, dass es dir eine überfließende Fülle und Klarheit auf deinem Weg beschert. Je mehr du dich ihm überantwortest, desto furchtloser wirst du im täglichen Leben werden, denn Furchtlosigkeit ist Zeichen und Ausdruck der Selbstreinigung. Ich weiß von keinem Menschen, ob Mann oder Frau, der den Weg der Selbstreinigung ging und dennoch von Furcht befallen wurde. Der menschliche Geist kennt im Allgemeinen zwei Arten von Furcht: Furcht vor dem

Tod und Furcht vor dem Verlust materiellen Besitzes. Ein Mensch des Gebetes und der Selbstreinigung wird die Furcht vor dem Tod abschütteln und ihn vielmehr als freundlichen Gefährten aufnehmen; und er wird allen irdischen Besitz als flüchtig und ohne Bedeutung ansehen. Er wird erkennen, dass er kein Recht hat, Reichtümer zu besitzen, während Elend und Armut das Land beschleichen und Millionen ohne die tägliche Mahlzeit auskommen müssen. Keine Macht der Erde kann einen Menschen bezwingen, der diese beiden Arten der Furcht von sich geworfen hat. (33)

Brāhmacharya

Gebet und *Brāhmacharya** sind nicht von gleicher Art. *Brāhmacharya* ist eines der fünf grundlegenden Gelübde**, und Gebet ist ein Mittel, sie befolgen zu können. Ich habe schon viel gesagt um die Notwendigkeit von *Brāhmacharya* zu erklären. Doch als ich darüber nachdachte, wie man dieses Gelübde einhalten kann, da habe ich das Gebet als machtvolles Mittel entdeckt. Wer den Wert des Gebetes erkannt hat und in der Lage ist, konzentriert zu beten, für den wird es ganz leicht, *Brāhmacharya* zu befolgen. (54)

* Keuschheit, zölibatäres Leben.

** Für die Mitglieder der Āshrams (Lebensgemeinschaften), die Gandhi gegründet hat.

Freiheit durch Selbstbeschränkung

Eine selbst auferlegte Einschränkung bedeutet keinen Zwang. Ein Mensch, der den Weg der Freiheit von allen Einschränkungen, d.h. den Weg der Zügellosigkeit, wählt, wird zum Gefangenen seiner Leidenschaften werden. Der Mensch hingegen, der sich an Regeln und Einschränkungen bindet, befreit sich selbst. Alle Dinge auf der Welt, selbst die Sonne, der Mond und die Sterne, gehorchen bestimmten Gesetzen. Ohne den einschränkenden Einfluss dieser Gesetze würde die Welt keinen einzigen Augenblick länger bestehen können. Die ihr euch im Leben dem Dienst am Nächsten verschrieben habt, ihr werdet zusammenbrechen, wenn ihr euch nicht eine gewisse Disziplin auferlegt – und Beten ist eine notwendige geistliche Disziplin. Es sind Disziplin und Beherrschung, die uns vom unvernünftigen Vieh unterscheiden. Wenn wir Menschen sein wollen, die aufrecht gehen und nicht auf allen vieren herumkriechen, dann lasst uns Einsicht zeigen und uns freiwillig einer Disziplin und Selbstbeherrschung unterwerfen. (9/10)

Unsichere Schritte

Keine meiner Handlungen geschieht ohne Gebet. Der Mensch ist ein fehlbares Wesen. Er kann sich seiner Schritte niemals sicher sein. Was er für eine Antwort auf das Gebet halten mag, könnte nichts anderes sein als ein Widerhall seines Stolzes. Eine unfehlbare Führung erfährt nur, wer ein vollkommen unschuldiges

Herz hat, das unfähig zum Bösen ist. Solches kann ich für mich nicht beanspruchen. Ich habe eine kämpfende, streitende, irrende, unvollkommene Seele. Doch ich kann nur wachsen, indem ich mich an mir selbst und anderen erprobe. (67)

Gottes Wort

Mein Erfolg liegt in meinem beständigen, demütigen und gläubigen Streben. Ich kenne den Weg. Er ist gerade und schmal. Er ist wie die Schneide eines Schwertes. Es macht mir Freude, auf ihm zu wandern, und ich weine, wenn ich herunterfalle. Doch Gott sagt: »Wer kämpft, wird niemals zugrunde gehen.« An dieses Versprechen glaube ich fest. Obwohl ich in meiner Schwäche tausendmal falle, verliere ich dennoch nicht die gläubige Hoffnung, dass ich das Licht schauen werde, wenn das Fleisch einst, seiner Bestimmung folgend, vollkommen unterworfen sein wird. (47)

Die tägliche Treue

Wenn du anerkennst, dass es einen Gott gibt, dann kannst du dich der Notwendigkeit des Gebetes nicht entziehen. Wir wollen doch nicht den fragwürdigen Anspruch erheben, dass unser ganzes Leben ein Gebet sei und dass wir uns deswegen nicht zu einer bestimmten Stunde hinsetzen müssten um zu beten. Selbst Menschen, die beständig im Einklang mit dem Unendlichen lebten, haben dies nie für sich beansprucht. Ihr

Leben war ein ständiges Gebet, und dennoch haben sie – ich glaube zu unserem Heil – zu festgesetzten Stunden ihre Gebete gesprochen und jeden Tag ihren Treueeid zu Gott erneuert. Natürlich fordert Gott diesen Eid nicht ein, doch wenn wir unser Gelöbnis jeden Tag erneuern, dann, so versichere ich euch, werden wir von jedem nur vorstellbaren Elend im Leben frei sein.

(19)

Hunger der Seele

Gebet ist nicht einfach eine Übung des Sprechens oder Hörens, es bedeutet auch nicht, dass man leere Formeln wiederholt. Auch eine noch so häufige Wiederholung von Rāma-Nāma* ist nutzlos, wenn sie nicht die Seele bewegt. Beim Beten ist es besser, ein Herz ohne Worte zu haben als Worte, die nicht von Herzen kommen. Es soll eine klare Antwort sein auf den Hunger des Geistes. Und so, wie sich ein Hungriger eine kräftige Mahlzeit wohlschmecken lässt, so wird sich eine hungrige Seele ein Gebet schmecken lassen, das von Herzen kommt. Ich spreche aus der Erfahrung, die ich und auch meine Gefährten gemacht haben: Wer die Faszination des Gebetes erfahren hat, der kann tagelang ohne Essen auskommen, aber keinen einzigen Augenblick ohne Gebet. Denn ohne Gebet gibt es keinen inneren Frieden. (8)

* Die ständige Wiederholung des Gottesnamens Rāma; vergleichbar mit dem Jesusgebet.

Fünftausend Zungen

Der Mensch braucht das Gebet ebenso dringend wie das tägliche Brot. Ein schlechter Mensch wird seine Ohren dazu benutzen, Hässliches von anderen zu hören, und seine Augen, um sündhafte Dinge zu sehen. Der Gute jedoch sagt, hätte er auch zehntausend Augen und Ohren, sie würden ihm nur dazu dienen, immerdar Gottes Angesicht zu schauen und fromme Lieder zu hören; und er würde seine fünftausend Zungen nutzen um Gottes Lobgesang zu singen. (10)

Not-Helfer

Gebet hat mein Leben gerettet. Ohne das Gebet wäre ich schon lange dem Wahnsinn verfallen. Meine Autobiografie erzählt davon, dass ich im öffentlichen wie im privaten Bereich äußerst bittere Erfahrungen machen musste. Sie haben mich bisweilen in Verzweiflung gestürzt, doch mit Hilfe des Gebetes konnte ich sie überwinden. Ich kann euch heute sagen, dass das Gebet nicht in dem Maße Teil meines Lebens gewesen ist, wie es die Wahrheit immer war. Es ist aus einer reinen Zwangslage entstanden, als ich einmal in Not geraten war und wohl ohne Gebet nicht wieder froh werden konnte. Und je mehr mein Glaube an Gott gewachsen ist, umso unwiderstehlicher wurde das Verlangen nach Gebet. Ohne dies schien mir das Leben schließlich fad und leer. (27)

Die innere Stimme

Die »innere Stimme« ist etwas, das man nicht mit Worten beschreiben kann. Aber manchmal haben wir das sichere Gefühl, dass uns irgendetwas innerlich drängt, etwas Bestimmtes zu tun. Der Zeitpunkt, an dem ich lernte, diese Stimme wahrzunehmen, war auch – so kann ich sagen – der Zeitpunkt, an dem ich anfing, regelmäßig zu beten. Das war um das Jahr 1906. Dennoch gab es keinen bestimmten Augenblick, an dem ich plötzlich das Gefühl gehabt hätte, eine neue Erfahrung zu machen. Ich glaube eher, dass mein spirituelles Leben gewachsen ist, ohne dass ich mir dessen bewusst gewesen bin – so wie das Haar auf dem Kopf wächst.

(65)

Eine andere Macht

Ich kann dir nicht wirklich helfen, wenn du keinen Glauben an Gott hast; und wenn du an Gott glaubst, dann brauchst du meine Hilfe nicht. Darum gebe ich dir den Rat, an Gott zu glauben und folglich auch an das Gebet. Dann wirst du feststellen, dass alle schlechten Gedanken von dir abfallen und allmählich Schritt für Schritt der Frieden des Geistes Macht über dich gewinnt. (45)

II

Eine spontane Herzenserhebung

Stark wie ein Fels

Das Gebet ist nicht ein Bitten um etwas. Es ist ein Verlangen der Seele. Es ist das tägliche Eingeständnis der eigenen Schwachheit. Auch der Stärkste unter uns wird dadurch ständig an seine Nichtigkeit gemahnt, schon bevor Tod, Krankheit, Alter oder ein Unglücksfall auf ihn zukommen. Wir leben inmitten des Todes. Was nützt es, unseren eigenen Plänen zu folgen, wenn sie in der Kürze eines Augenblicks zunichte gemacht werden können, oder wenn wir alldem rasch und völlig unerwartet entrissen werden. Doch dürfen wir uns stark fühlen wie ein Fels, wenn wir voll Vertrauen sprechen: Wir arbeiten für Gott und seine Pläne. Dann wird alles so klar wie das helle Licht des Tages. Dann misslingt uns nichts mehr. Dann ist alles Scheitern nur Schein. Tod und Zerstörung sind dann – aber nur dann – keine Wirklichkeit mehr. Denn Tod und Zerstörung sind dann nichts anderes mehr als eine Wandlung. Ein Künstler vernichtet sein Bild um eines Besseren willen; ein Uhrmacher wirft eine schadhafte Sprungfeder fort, um eine neue, brauchbare einzusetzen. (38)

Aus der Tiefe des Herzens

Gebet ist nichts anderes als ein heftiges Verlangen des Herzens. Du kannst ihm mit den Lippen Ausdruck geben; du kannst es im Verborgenen oder in der Öffentlichkeit tun; doch wenn deine Äußerung echt sein soll, dann muss sie aus dem tiefsten Grunde des Herzens kommen. (17)

Selbst-Vergessenheit

Bei einem Gebet, das von Herzen kommt, ist die Aufmerksamkeit des Beters so sehr auf den Gegenstand seiner Anbetung konzentriert, dass gar nichts anderes in sein Bewusstsein dringt. Darum wurde der Beter oft zu Recht mit dem Liebenden verglichen. Der Liebende vergisst die ganze Welt und sogar sich selbst in der Gegenwart der Geliebten. Die Identifikation des Beters mit Gott muss noch stärker sein. Dahin kommt man nur nach vielen Kämpfen, nach Leiden und Selbstdisziplin. Wenn ein solcher Beter einen Ort mit seiner Anwesenheit heiligt, dann braucht es keinen Anreiz um Menschen zum Gebet einzuladen; sie werden allein durch die Kraft seiner Hingabe ins Haus des Gebetes gezogen. (154)

Herzens-Wirklichkeit

Aus allen Versuchungen hat er mich gerettet. Ich weiß, dass der Satz: »Gott hat mich gerettet« heute für mich einen tieferen Sinn hat, und dennoch fühle ich immer noch, dass ich seine ganze Bedeutung noch nicht erfasst habe. Nur durch immer reichere Erfahrung kann ich zu einem volleren Verständnis gelangen. Doch in all meinen Versuchungen – sei es im geistlichen Leben, sei es als Anwalt in der Verwaltung, sei es in der Politik – kann ich sagen, dass Gott mich gerettet hat. Wenn jede Hoffnung dahin ist, »wenn die Helfer ausbleiben und der Trost entflieht«, dann erlebe ich, dass irgendwie Hilfe kommt, von woher – das weiß ich nicht. Bitten,

Anbetung und Gebet sind kein Aberglaube; diese Tätigkeiten haben eine größere Wirklichkeit als Tätigkeiten wie Essen, Trinken, Sitzen oder Gehen. Es ist keine Übertreibung, wenn man sagt, dass sie allein wirklich sind, alles andere ist unwirklich.

Gebet und Gottesdienst solcher Art sind keine schwungvolle Beredsamkeit und auch kein Lippenbekenntnis. Sie entspringen dem Herzen. Wenn wir darum zu einer Herzensreinheit gelangen, bei der das Herz von allem entleert ist außer der Liebe, wenn wir die inneren Töne richtig gestimmt halten, dann verbinden sie sich ganz zaghaft und unbemerkt und werden zu Musik. Das Gebet braucht keine Sprache. Es ist in sich unabhängig von jedem sinnenhaften Bemühen. Ich habe nicht den geringsten Zweifel, dass das Gebet ein unfehlbares Mittel ist, um das Herz von Leidenschaften zu reinigen. Doch muss es einhergehen mit äußerster Demut. (49/50)

Der mittlere Weg

Für Menschen, die innerlich von Gottes Gegenwart erfüllt sind, ist Arbeit Gebet. Ihr Leben ist ein fortwährendes Gebet und ein einziger Gottesdienst. Für die anderen, die nur nach dem Gesetz der Sünde handeln, die ihren eigenen Neigungen nachgehen und ihrer Selbstsucht dienen, wäre kein Zeitaufwand zu groß. Wenn sie Geduld, Glauben und den Willen zur Reinheit hätten, würden sie beten, bis sie wirklich die läuternde Gegenwart Gottes in sich erfahren.

Wir Normalsterblichen müssen einen Mittelweg

zwischen diesen beiden Extremen gehen. Wir sind nicht so erhaben, dass wir sagen können, alle unsere Handlungen seien Hingabe; noch sind wir wohl so tief gefallen, dass wir nur unserer Selbstsucht dienen. Darum haben alle Religionen bestimmte Gebetszeiten festgelegt. Leider sind sie heute rein mechanisch und formal, um nicht zu sagen heuchlerisch, geworden. Was wir also brauchen, ist eine rechte innere Haltung beim Gebet. (16/17)

Reinigung

Ziel unseres Gebetes ist es nicht, Gott zu gefallen – denn er braucht unser Bitten und Loben nicht –, sondern uns selbst zu reinigen. Der Vorgang der Selbstreinigung besteht in der bewussten Vergegenwärtigung seiner Gegenwart in uns. Eine größere Kraft gibt es nicht als die, welche aus solcher Erkenntnis erwächst. Die Gegenwart Gottes muss uns in allen Lebenslagen bewusst sein. Wenn du meinst, sobald du den Ort des Gebetes verlassen hast, kannst du leben und handeln, wie du willst, dann hat es keinen Sinn, dass du am Gebet teilnimmst. (31)

Das stille Gebet

Ich glaube, dass das stille Gebet oft mächtiger ist als alles, was ich nach außen hin in meiner Hilflosigkeit unternehme. Ich bete ununterbrochen und glaube daran, dass das Gebet eines reinen Herzens niemals unbeantwortet bleiben wird. Und mit aller Kraft, die mir zu Gebote steht, versuche ich, ein reines Werkzeug für ein Gebet zu sein, das Erhörung findet ...

Mein Glaube an die Macht des stillen Gebetes wächst immer mehr. Es ist eine Kunst für sich – vielleicht die höchste Kunst – und erfordert äußerste Sorgfalt. (97)

Der ewig gleiche Kampf

Der Mensch ist dazu bestimmt, alte Gewohnheiten zu überwinden, das Böse in sich zu besiegen und dem Guten wieder seinen rechtmäßigen Platz einzuräumen. Wenn eine Religion uns nicht lehrt, wie wir zu solcher Überwindung gelangen, dann lehrt sie uns gar nichts. Aber es gibt keinen Königsweg zum Erfolg bei diesem eigentlichen Abenteuer des Lebens ... Ich selbst kann jedoch bezeugen, dass ein Gebet, das von Herzen kommt, zweifellos die wirksamste Waffe ist, die ein Mensch besitzt, um Feigheit und alle anderen schlechten Gewohnheiten zu überwinden. Es ist unmöglich, zu beten ohne einen lebendigen Glauben an die Gegenwart Gottes in uns.

Christentum und Islam beschreiben denselben Vorgang als einen Kampf zwischen Gott und Satan in uns, der Hinduismus als einen Kampf zwischen den Mächten des Guten und den Mächten des Bösen.

Wir müssen uns entscheiden, ob wir uns mit den Mächten des Bösen oder des Guten verbünden wollen. Und zu Gott beten bedeutet nichts anderes als einen heiligen Bund zwischen Gott und dem Menschen, durch den er befreit wird aus den Klauen des Fürsten der Finsternis. Doch ein Gebet, das von Herzen kommt, wird nicht einfach mit den Lippen gesprochen. Es ist ein Verlangen, das im Inneren des Menschen entspringt, das sich in jedem Wort, jedem Handeln, ja in jedem Gedanken des Menschen ausdrückt. Wenn sich ihm ein schlechter Gedanke mit Erfolg aufdrängt, dann kann er daran sehen, dass er nur mit den Lippen gebetet hat; und Gleiches gilt für ein böses Wort, das seinen Lippen entgleitet, oder eine schlechte Tat. Echtes Gebet ist ein absoluter Schild und Schutz gegen dieses Dreigespann des Bösen. Doch stellt sich der Erfolg nicht immer schon beim allerersten Bemühen um ein solch lebendiges Gebet ein. Wir müssen gegen uns selbst kämpfen, wir müssen uns zum Trotz glauben, auch wenn es Monate und Jahre dauert. Darum heißt es, grenzenlose Geduld zu üben, wenn wir die Wirksamkeit des Gebetes erleben wollen. Dabei werden wir Dunkelheit, Enttäuschung und noch Schlimmeres erfahren; doch sollen wir mit großem Mut gegen all dies ankämpfen und nicht in Feigheit verfallen. Für einen Menschen des Gebetes gibt es keinen Rückzug. (13/14)

Bete einfach!

Frage: Welchen Rat geben Sie jungen Menschen, die einen aussichtslosen Kampf gegen ihre niedrige Natur führen und bei Ihnen Rat suchen?

Gandhi: Einfach beten! Man muss sich selbst vollkommen demütigen und jenseits seiner selbst Ausschau halten nach innerer Kraft.

Frage: Aber was ist, wenn diese jungen Menschen darüber klagen, dass ihr Gebet nicht erhört wird, dass es ihnen vorkommt, als sprächen sie ins Blaue hinein?

Gandhi: Wer auf sein Gebet eine Antwort verlangt, der versucht Gott. Wenn das Beten keinen Trost bringt, dann war es nur ein bloßes Lippengebet. Wenn das Gebet nicht hilft, dann hilft auch nichts anderes. Man darf nicht nachlassen. Dies ist meine Botschaft an die Jugend. Sich selbst zum Trotz sollen die jungen Menschen der alles überwindenden Kraft von Glaube und Liebe vertrauen.

Frage: Das Problem unserer Jugend ist doch, dass das Studium der Wissenschaften und der modernen Philosophie ihren Glauben zerstört hat und sie im Feuer des Unglaubens verbrennen.

Gandhi: Das kommt nur daher, dass sie den Glauben als eine Bemühung des Verstandes begreifen und nicht als eine Erfahrung der Seele. Der Verstand trägt uns in unserem Lebenskampf bis zu einer gewissen Grenze, doch im entscheidenden Moment versagt er. Der Glaube übersteigt den Verstand. Wenn der Horizont am dunkelsten ist und die menschliche Vernunft am Boden liegt, dann leuchtet der Glaube auf wie ein helles Licht und kommt uns zu Hilfe. Einen solchen Glauben braucht unsere Jugend, und der wächst, wenn man allen Hochmut des Verstandes abgeworfen und sich ganz Seinem Willen überliefert hat. (46/47)

Ein reines Gebet

Es ist sicher ziemlich einfach, Gebete zu sprechen. Doch werden sie nicht gehört, wenn sie nicht aus einem reinen und zerknirschten Herzen kommen. Ich will euch sagen, dass *Yajna** mehr bedeutet, als bestimmte Dinge im Feuer zu opfern. *Yajna* heißt, alles, was ich bin, zum Nutzen der Menschheit zu opfern. Wir müssen unsere Schwachheit, unsere Leidenschaften und unsere Beschränktheit im Feuer der Läuterung opfern um gereinigt zu werden. Dann und nur dann werden unsere Gebete erhört werden.

Lasst mich euch noch einen anderen Aspekt des Gebetes vor Augen führen. Ihr habt euch hier versammelt, damit eure Wünsche und Bitten erfüllt werden, und zu diesem Zweck wird euer *Yajna* abgehalten. Nun können Wünsche gut und schlecht sein, und nicht jeder von uns weiß, welche seiner Wünsche gut und rein sind und welche nicht. Er allein, der über unser Denken und Handeln herrscht, weiß dies. Darum bete ich stets, dass Gott nur jene meiner Wünsche erfüllte, die gut und rein sind, und meine Gebete zurückwies, wenn sie Unreinheit und Anstößiges in sich tragen. Ich lade euch heute ein, in dieser Weise mit mir zu beten.

Und zum Schluss noch etwas: Ein Gebet um Frieden gilt immer und überall als ein reines Gebet, und in diesen Zeiten heftiger Kämpfe und grausamen Blutvergießens ist es gut, für den Frieden zu beten. (71)

* Rituelles Opfer.

Gottes Bund

Ich kann nur sagen, dass mir seit meiner Kindheit das Gebet Trost und Kraft gewesen ist. Es gibt Menschen, die von Zweifeln und Verzweiflung heimgesucht werden. Sie brauchen den Namen Gottes. Gott hat uns in seinem Bund versprochen, dass er jeden stärken will, der in Schwäche und Hilflosigkeit zu ihm kommt. »Wenn ich schwach bin, dann bin ich stark«*; wie schon der Dichter Surdas gesungen hat: »Rāma ist die Kraft der Schwachen.« Diese Kraft kann man nicht erlangen, wenn man zu den Waffen greift oder zu ähnlichen Mitteln. Sie ist allein für den erfahrbar, der sich auf seinen Namen verlässt. Rāma ist nur ein anderer Name für Gott. Du kannst Gott sagen oder Allah oder was immer du möchtest; doch in dem Augenblick, wo du auf nichts mehr vertraust außer auf ihn, bist du stark, und alle Verzweiflung schwindet.

Es gibt ein Lied, das erzählt die Geschichte von dem König der Elefanten, der im Rachen eines Krokodils steckte und schon fast ertrunken war. Nur die Spitze seines Rüssels schaute noch aus dem Wasser heraus. Da rief er den Namen Gottes an und wurde gerettet. Zweifellos handelt es sich hier um eine Allegorie. Doch bringt sie eine Wahrheit zum Ausdruck, die auch ich immer wieder in meinem Leben erfahren habe. Selbst in der dunkelsten Verzweiflung, wenn es so aussieht, als gäbe es keinen Helfer und keinen Trost auf der ganzen weiten Welt, erfüllt uns sein Name mit Kraft und schlägt alle Zweifel und Verzweiflung in die Flucht.

(51/52)

* 2. Korinther 12,10.

Die Einheit der Menschen

Das Gebet ist die stärkste verbindende Kraft; es fördert die Einheit und Solidarität der Menschheitsfamilie. Wenn ein Mensch im Gebet erkannt hat, dass Gott und er eins sind, dann wird er jeden seiner Mitmenschen wie sich selbst betrachten. Dann gibt es nicht mehr hoch und niedrig, weder engstirnigen Provinzialismus noch kleinliche Rivalitäten hinsichtlich der Sprache zwischen Andhras und Tamilen, zwischen Kanaresen und Malayalis. Dann gibt es nicht mehr die verhasste Unterscheidung zwischen Berührbaren und Unberührbaren, zwischen Hindus und Moslems, Parsen, Christen oder Sikhs. Dann gibt es kein Gerangel mehr um persönlichen Gewinn oder um Machtpositionen zwischen den jeweiligen Gruppen oder den einzelnen Mitgliedern einer Gruppe.

Das Äußere muss ein Spiegel des Inneren sein. Wenn wir mit Gott in Einklang leben, dann könnte eine Versammlung noch so groß sein – es würden absolute Ruhe und Ordnung herrschen, und selbst der Schwächste wäre vollkommen geschützt. Das ist das Wichtigste: Die Erkenntnis Gottes muss Freiheit von aller irdischen Furcht bedeuten. (19/20)

Spontaneität

Bei der Verwirklichung von Wahrheit und Gewaltlosigkeit habe ich in dem Maße Erfolg gehabt, wie ich aus dem Gebet gelebt habe. Gebet sollte eine spontane Herzenserhebung sein. Man sollte nicht beten, wenn man das Gefühl hat, es sei eine Last. Gott hungert nicht nach dem Gebet oder dem Lob des Menschen. Er erträgt alles, weil er die vollkommene Liebe ist. Wenn wir das Gefühl haben, wir stünden in seiner Schuld, da er ja der Geber aller Gaben ist, dann sollten wir uns seiner erinnern und voll Dankbarkeit zu ihm beten. Die Angst davor, sich lächerlich zu machen oder irgendjemandes Unwillen zu erregen, darf uns niemals davon abhalten, unserer grundlegenden Pflicht gegenüber dem Schöpfer nachzukommen. (32)

Fürbitten

Ich weiß nichts davon, dass Gebete dem Leben derer, denen sie gelten, auch nur eine einzige Sekunde hinzufügen. Aber sie erheben diejenigen, die beten, und trösten jene, für die die Gebete gesprochen werden.

(198)

Mit jedem Atemzug

Niemals darf man das Gebet vergessen. Wenn der Leib hungrig ist, verlangt er nach Speise und kann nicht aufhören, daran zu denken; ebenso muss die Seele danach verlangen zu beten. Das Gebet braucht nicht mehr zu sein als zum Beispiel *Rāma-Nāma,* aber man soll es unter keinen Umständen vergessen. In dem Maße, wie du es von Zeit zu Zeit vergisst, hast du es noch nicht verinnerlicht. Das Gebet aber muss so zuinnerst ein Teil des eigenen Seins werden, dass schließlich jeder

Atemzug von *Rāma-Nāma* begleitet wird. So wie das Augenlid sich ständig bewegt, wird man dann auch *Rāma-Nāma* mit jedem Atemzug wiederholen. (88)

Nahrung für die Seele

So wie Getreide Nahrung für den Körper ist, so ist die Anbetung Gottes Nahrung für die Seele. Wer von der Existenz der Seele überzeugt ist, der kann ohne Anbetung nicht leben. Beten bedeutet, dass sich die Seele Gott zuwendet. (17)

End-Los

Generell sollte gelten, dass das Gebet niemals aufgeschoben werden darf – für keinen Menschen auf der Welt. Gottes Zeit hat keinen Anfang, und sie hört niemals auf ... Wie kann sich jemand erlauben, die Zeit des Gebetes zu versäumen, wo doch Gottes Uhr niemals stehen bleibt? (86)

III

Wege zur Gemeinschaft mit Gott

Ständige Übung

Es gibt viele, die aus geistiger Trägheit oder aus einer schlechten Angewohnheit heraus glauben, Gott werde uns ungebeten helfen. Warum soll man dann seinen Namen aussprechen? Es ist wahr: Wenn es Gott gibt, dann gibt es ihn unabhängig von unserem Glauben. Doch um Gott für uns Wirklichkeit werden zu lassen, braucht es unendlich viel mehr als bloßen Glauben. Es gelingt nur durch ständige Übung. Dies gilt von jeder Wissenschaft; um wie viel mehr dann erst von der Wissenschaft aller Wissenschaften.

Der Mensch wiederholt den Namen Gottes oft plappernd wie ein Papagei und erhofft sich dann einen Gewinn davon. Der wahrhaft Suchende muss einen so lebendigen Glauben haben, dass er die Unwahrhaftigkeit dahingeplapperter Wiederholungen nicht nur in sich ausmerzt, sondern auch in den Herzen anderer.

(34)

Reue

Irren ist menschlich. Wenn wir unsere Fehler bekennen, dann verwandeln wir sie in Stufen des Fortschritts. Ein Mensch dagegen, der versucht, seine Fehler zu verbergen, wird zum Betrüger und sinkt immer tiefer. Der Mensch ist weder eine vernunftlose Kreatur noch ein Gott. Er ist vielmehr ein Geschöpf Gottes, das danach strebt, seine eigene Göttlichkeit zu erfahren.*

* Nach hinduistischer Anschauung besitzt jeder Mensch eine göttliche Seele.

Die Mittel dazu sind Reue und Selbstreinigung. In dem Augenblick, wo wir bereuen und Gott um Vergebung für unsere Verfehlungen bitten, sind wir gereinigt von unseren Sünden, und ein neues Leben beginnt. Wahrhaftige Reue ist eine wesentliche Vorbedingung für das Gebet. Gebet ist kein bloßes Lippenbekenntnis. Es muss sich auch im Handeln ausdrücken. (56)

Die Macht des Gebetes

Das Gebet schenkt uns einen Frieden, eine Kraft und einen Trost, wie nichts anderes sie geben kann. Doch muss es von Herzen kommen. Wenn es nicht aus dem Herzen hervorgebracht wird, dann ist es, als ob man eine Trommel schlägt, oder einfach wie ein Laut, der aus der Kehle dringt. Entspringt das Gebet dem Herzen, dann hat es die Kraft, ganze Berge des Elends zu schmelzen.

Wer will, kann gerne seine Macht erproben. (83)

Selbstbeherrschung

*Moksha** bedeutet Befreiung von unreinen Gedanken. Ohne unablässige Buße ist es unmöglich, unreine Gedanken vollständig auszutilgen. Es gibt nur einen Weg, auf dem dies gelingen kann: Sobald ein unreiner Gedanke auftaucht, stell ihm einen reinen entgegen. Das

* Befreiung, Erlösung (der Seele von der endlichen, unvollkommenen Welt).

ist nur mit Gottes Gnade möglich, und Gottes Gnade kommt durch ständige Gemeinschaft mit ihm und durch vollkommene Selbstaufgabe. Diese Gemeinschaft mit Gott mag anfänglich nur aus der Wiederholung seines Namens mit den Lippen bestehen, wobei sogar noch unreine Gedanken stören. Doch schließlich wird das, was die Lippen formen, auch vom Herzen Besitz ergreifen. Und noch etwas sollte man sich klarmachen: Mögen auch die Gedanken umherschweifen – lass niemals zu, dass die Sinne es ihnen nachtun. Wenn die Sinne dorthin wandern, wohin die Gedanken sie ziehen, dann ist es um einen geschehen. Wer jedoch seine äußeren Sinne unter Kontrolle hält, der wird auch eines Tages dazu fähig sein, seine unreinen Gedanken zu kontrollieren. Unreine Gedanken brauchen dich nicht zu erschrecken. Wir sind Herrscher über das Reich der Bemühungen. Gott jedoch ist der einzige Herrscher über das Reich der Erfolge ... Du weißt, was du zu tun hast, um eine Atmosphäre der Reinheit um dich zu schaffen: wenig essen, den Blick zu Boden neigen und streng dir selbst gegenüber sein, bis zur Bereitschaft, dir dein Auge auszureißen, »wenn es dir zum Ärgernis wird»*. (53)

Die goldene Regel

Es gibt eine goldene Regel, wie man die Kontrolle über seine sinnlichen Begierden erlangen kann. Das ist die Wiederholung des göttlichen Wortes *»Rāma«* oder

* Matthäus 5,29.

eines anderen *Mantra**. Jeder muss sich der *Mantra* aussuchen, das seinem Herzen entspricht. Ich habe das Wort *»Rāma«* vorgeschlagen, denn ich bin als Kind damit aufgewachsen, und es ist mir immer Kraft und Beistand gewesen. Welchen *Mantra* auch immer man sich aussucht – man soll sich damit identifizieren, während man es ausspricht. Ich habe nicht den geringsten Zweifel, dass die Wiederholung eines solchen *Mantra* im festen Glauben schließlich zum Erfolg führen wird, auch wenn andere Gedanken den Geist ablenken. Das *Mantra* wird zum Licht des Lebens und wird einen vor aller Not bewahren. Solche heiligen *Mantras* dürfen natürlich niemals für materielle Zwecke missbraucht werden. Wenn sie jedoch nur streng dazu dienen, die Moral zu bewahren, dann wird man zu bemerkenswerten Erfolgen kommen. Eine nur dahergeplapperte Wiederholung eines *Mantra* kann ja keinen Nutzen bringen. Man muss seine ganze Seele hineinlegen. Ein Papagei wiederholt es wie eine Maschine. Wir aber müssen beim Beten darauf achten, unwillkommenen Gedanken den Zutritt zu verwehren, und fest daran zu glauben, dass der *Mantra* etwas bewirken kann. (54/55)

Ein Geschenk der Gnade

Für mich war selbst die Einhaltung körperlicher Keuschheit *(Brāhmacharya)* immer voller Schwierigkeiten. Heute kann ich sagen, dass ich mir meiner selbst ziem-

* Gebetsformel, Stoßgebet.

lich sicher bin, und dennoch muss ich noch die vollständige Herrschaft über meine Gedanken erlangen, denn das ist so wesentlich. Nicht dass es am Willen oder Bemühen fehlt, doch ist es immer noch ein Problem für mich, woher die unerwünschten Gedanken plötzlich ihre heimtückischen Angriffe starten. Ich bin sicher, dass es einen Schlüssel gibt, mit dem man unerwünschte Gedanken aussperren kann, aber den muss jeder für sich selbst finden. Heilige und Seher haben uns ihre Erfahrungen hinterlassen, aber sie haben uns kein vollkommen sicheres und allgemein gültiges Rezept gegeben. Denn Vollkommenheit oder Freiheit von jedem Irrtum ist immer ein Geschenk der Gnade, und darum haben uns Gottsucher aller Zeiten *Mantras* wie *Rāma-Nāma* hinterlassen. Sie haben sie geheiligt durch ihre eigene Askese und erfüllt mit ihrer Reinheit. Ohne uneingeschränkte Hingabe an seine Gnade ist eine vollkommene Beherrschung der Gedanken unmöglich. Diese Lehre finden wir in den großen Büchern aller Religionen, und ich selbst erfahre ihre Wahrheit in jedem Augenblick, da ich nach vollkommener *Brāhmacharya* strebe. (53/54)

Das Ziel

Wahre Selbstbeherrschung entsteht nicht durch Lesen. Sie entsteht nur aus der unbedingten Einsicht, dass Gott mit uns ist und so für uns sorgt, als habe er darüber hinaus keine anderen Sorgen. Wie das geschieht, weiß ich nicht. Dass es geschieht, weiß ich sicher. Alle, die einen festen Glauben haben, haben alle Sorgen von sich abgeworfen. Ihr könnt nicht gleichzeitig Glauben haben und angespannt sein.

Solche Selbstbeherrschung ist unerreichbar, es sei denn durch Gottes Gnade. Im zweiten Kapitel der *Gītā** gibt es einen Vers, der frei übersetzt heißt: »Die sinnlichen Gegenstände bleiben in einem unentschiedenen Schwebezustand, während man fastet oder während das jeweilige Sinnesorgan verkümmert ist, aber das Verlangen hört nicht auf, außer wenn man Gott von Angesicht zu Angesicht schaut.« (55)

Im Ausdruck »Gott von Angesicht zu Angesicht schauen« darf das »Angesicht zu Angesicht« nicht wörtlich verstanden werden. Es geht um ein unzweifelhaftes Fühlen. Gott ist formlos. Darum kann er nur in einer geistlichen Vision geschaut werden. (60)

Gedanken

Auch wenn deine Gedanken beim Beten umherschweifen, darfst du nicht damit aufhören. Zieh dich an einen abgelegenen Ort zurück, setz dich richtig hin und versuche, alle Gedanken draußen zu lassen. Wenn sie auch dann immer noch kommen, sollst du trotzdem dein Gebet nicht abbrechen. Nach und nach wirst du die Gedanken unter Kontrolle bekommen. Auch die *Gītā* sagt, dass die Gedanken ruhelos sind, sie sagt uns aber auch,

* Bhagavadgītā – berühmtes Lehrgedicht des Hinduismus: ein Dialog zwischen Gott Krishna und Arjuna; Teil des Epos »Mahābhārata«.

dass wir sie mit beharrlicher Anstrengung unter Kontrolle bringen können. »Niemals dürfen wir uns freiwillig geschlagen geben, auch wenn wir im Kampf unser Leben lassen.« (108)

Gottes-Vorstellungen

Wahre Meditation bedeutet, die Augen und Ohren des Geistes allem zu verschließen außer dem Gegenstand der Anbetung. Während des Gebetes die Augen zu schließen hilft zu solch einer Konzentration. Der Mensch kann sich natürlicherweise nur eine beschränkte Vorstellung von Gott machen. Darum muss jeder so von Gott denken, wie es ihm selbst am besten erscheint, vorausgesetzt, die Vorstellung ist rein und erhebend. (83)

Der geistliche Leuchtturm

Wenn wir nach der Wahrheit streben, können wir uns nicht mit der bloßen Teilnahme an den Gebetstreffen begnügen, sondern wir sollen versuchen, unsere Aufmerksamkeit ganz darauf zu konzentrieren. Wir sollen uns bemühen, den Liedern und Lehrtexten zu folgen, pünktlich beim Gebet zu sein und es jeden Tag als eine neue Erfahrung zu erleben. Diese tägliche Neuheit hängt nicht mit der Vielfalt der *Bhajans** oder anderer

* Religiöse Lieder.

Lesungen zusammen, sondern muss das Ergebnis einer immer größeren Reinheit unseres Herzens sein. Wir müssen von Tag zu Tag zufriedener werden und eine größere geistige Ruhe erleben. Wenn wir diese Erfahrung nicht machen, liegt der Fehler nicht im Wert des Gebetes, sondern in einer gewissen Unwahrhaftigkeit in uns selbst. Wenn wir am Gebet teilnehmen und uns ernsthaft der Wahrheit verschrieben haben, werden wir nichts als Frieden erfahren. Wer mit gläubigem Herzen einen Tempel besucht, wird nicht auf die fehlende Reinlichkeit dort achten oder sein Augenmerk auf die Heuchelei des Priesters richten. Er wird das Götterbild dort nicht als einen Stein betrachten. Er erfährt Frieden inmitten des Lärms und kehrt geläuterten Herzens aus dem Tempel zurück. Jemand wie ich, der fast umkommt bei dem Lärm dort und für den das Götterbild nur ein Stück Stein ist, sollte niemals einen Tempel besuchen. Gott erscheint uns in der Form, in der wir ihn anbeten. Denn er ist nicht außerhalb von uns selbst, er ist in unser aller Herzen. Wenn wir diese Wahrheit begriffen haben, werden auch unsere einfachsten und kleinsten Taten einen Glanz auf uns werfen und uns helfen, Gott zu schauen. Damit wir das lernen, darum die Gebete, das Spinnen am Spinnrad* und andere tägliche Pflichten – sie sind für uns wie ein spiritueller Leuchtturm oder eine genaue Messlatte, an der alles gemessen werden kann. (89)

* Gandhi führte Spinnen als geistige Übung ein.

Tägliche Betrachtung

Du solltest jeden Tag zeitig aufstehen und zum Gebet gehen. Magst du dich auch von anderen Verpflichtungen entschuldigen, niemals jedoch vom Gebet. Bemühe dich darum, deinen Geist in eine Haltung zu versetzen, dass er für eine halbe Stunde von nur einem einzigen Gedanken beherrscht wird. So sollte jeder für sich eine Zeit der Betrachtung festlegen. Sie schafft uns die Möglichkeit, uns eins zu fühlen mit allen lebenden Geschöpfen. (90)

Vorbilder

Schon seit Adams Zeiten gibt es die Einrichtung des Fastens. Man hat sich des Fastens bedient zur Selbstreinigung und für andere erhabene und weniger erhabene Zwecke. Buddha, Jesus und Mohammed haben gefastet, um Gott von Angesicht zu Angesicht zu schauen ... Bei meinem Fasten habe ich nur diesen großen Vorbildern nachgeeifert, wobei ich mir im Klaren bin, dass meine Ziele weit weniger erhaben sind als ihre. (115)

Gebet und Fasten

Ich habe heute tiefer denn je begriffen, dass es kein Gebet ohne Fasten gibt, sei Letzteres auch noch so geringfügig. Dieses Fasten betrifft nicht nur den Gaumen, sondern alle Sinne und Organe. Völlige Versunkenheit im Gebet muss bedeuten, dass alle leiblichen Tätigkeiten völlig aufhören, bis das Gebet von unserem ganzen Wesen Besitz ergriffen hat und wir über alle leiblichen Abläufe hinauswachsen und völlig von ihnen losgelöst sind. Diesen Zustand kann man nur erreichen, wenn man fortwährend und willentlich sein Fleisch kreuzigt. Darum ist alles Fasten, wenn es spiritueller Natur ist, ein intensives Gebet oder die Vorbereitung dazu. Es ist ein Verlangen der Seele, in das göttliche Sein einzutauchen. (116)

Geistige Enthaltsamkeit

Das Gebet ist keine leere Wiederholung von Worten, ebenso wie das Fasten mehr ist als rein körperliches Hungern. Das Gebet muss einem Herzen entspringen, das Gott im Glauben nahe ist, und Fasten ist Enthaltsamkeit von schlechten und schädlichen Gedanken, Taten und Speisen. Wenn der Leib hungert und der Geist dabei an die verschiedensten Speisen denkt, dann ist das mehr als nutzlos. (116)

Solidarität

Ich bin davon überzeugt und habe es erlebt, dass Fasten und Gebete, wenn sie mit aufrichtigem Herzen und in religiöser Gesinnung abgehalten werden, die erstaunlichsten Ergebnisse erzielen können. Nichts ist so läuternd wie ein Fasten, doch Fasten ohne Gebet ist unfruchtbar. Wenn einer krank ist, kann es ihm helfen, wieder gesund zu werden, andernfalls führt es nur dazu, dass ein Gesunder unnötig leidet. Wenn einer nur fastet, um sich groß zu tun oder anderen Leid zuzufügen, dann ist das eine unverzeihliche Sünde. Denn nur ein Fasten im Geist des Gebetes, das jemand als Sühne auf sich nimmt, um einen Gewinn daraus zu ziehen, kann als religiöses Fasten bezeichnet werden. Beten heißt nicht, Gott um weltliches Glück oder um Dinge bitten, die in unserem eigenen Interesse liegen; es ist der ernsthafte Aufschrei einer Seele, die in Bedrängnis ist. Sie kann gar nicht anders, als auf die ganze Welt einzuwirken und sich am himmlischen Königshof Gehör zu verschaffen. Wenn ein Einzelner oder ein Volk wegen einer großen Not leidet, dann ist die wahre Einsicht in dieses Leiden schon Gebet; und angesichts dieser läuternden Erkenntnis werden leibliche Dinge wie Essen usw. weniger wichtig. Eine Mutter leidet, wenn ihr einziger Sohn stirbt. Sie hat dann kein Bedürfnis danach zu essen. Ein Volk ist geboren, wenn alle angesichts der Leiden eines Einzelnen von ihnen denselben Schmerz fühlen; ein solches Volk verdient es, unsterblich zu sein. Wir sind uns dessen wohl bewusst, dass eine große Zahl unserer Brüder und Schwestern in Indien in großem Leid leben, und darum haben wir wahrlich zu jeder Zeit die Veranlassung zu einem betenden Fasten. Doch hat unser Volksempfinden eine solche Stufe der Intensität und Reinheit noch nicht erreicht. Trotzdem sehe ich Situationen kommen, wo wir wirklich leiden werden. (118)

Mehr als ein Ausgleich

In bestimmten Situationen ist Fasten die einzige Waffe, die Gott uns in Zeiten äußerster Hilflosigkeit an die Hand gibt. Wir aber wissen oft nicht, wie wir davon Gebrauch machen sollen. Wir stellen uns vor, dass es von Anfang bis Ende nichts anderes ist als der Entzug von Nahrung. Fasten ist von ganz anderer Art. Nahrungsentzug gehört unabdingbar dazu, hat aber nicht den größten Anteil. Den größten Anteil hat das Gebet – die Gemeinschaft mit Gott. Sie ist mehr als ein Ausgleich für die leibliche Nahrung. (121)

Notlage

Meine Religion lehrt mich, dass wir immer dann, wenn wir eine Notlage nicht beheben können, fasten und beten müssen. (116)

Gebetsatmosphäre

Meinen Gebeten fehlt hier (als Erster-Klasse-Gast auf einem Schiff) die Tiefe, die heitere Ruhe und die Konzentration, die ihnen zu eigen waren, als ich im Gefängnis saß. Ich schreibe das nicht leichthin, sondern erst nach reiflichen Überlegungen. Ich denke jeden Tag über diese Dinge nach. Und so habe ich erkannt, dass diejenigen, die Gott dienen wollen, nicht nach Bequemlichkeit streben oder dem Luxus hinterherjagen können. In einer Atmosphäre von Luxus kann das Gebet sich nicht leicht entfalten. Auch wenn wir selbst den Luxus nicht teilen, können wir uns trotzdem seinem natürlichen Einfluss nicht entziehen. Die Energie, die wir darauf verwenden, uns dieses Einflusses zu erwehren, geht auf Kosten unserer Bemühung im Gebet. (145)

Göttliche Speise

Meine Religion sagt, dass nur der zu Gott beten kann, der bereit ist zu leiden. Fasten und Beten gehören zu den grundlegenden Geboten in meiner Religion. Doch ich weiß, dass auch der Islam diese Bußübung kennt. Ich habe in der Lebensgeschichte des Propheten gelesen, dass er oft fastete und betete, dabei aber anderen verbot, ihn nachzuahmen. Einmal fragte ihn jemand, warum er anderen nicht erlaube, das zu tun, was er selbst tat. »Weil ich von göttlicher Speise lebe«, antwortete er. Die meisten seiner großen Taten vollbrachte er durch Fasten und Gebet.

Ich selbst habe von ihm gelernt, dass nur der fasten kann, der einen grenzenlosen Glauben an Gott hat. Seine Offenbarungserlebnisse hatte der Prophet nicht in Zeiten behaglichen und luxuriösen Lebens. Nein, er fastete und betete, wachte nächtelang und blieb die ganze Nacht hindurch auf den Beinen, als ihm diese Offenbarungen zuteil wurden. Noch jetzt, in diesem Augenblick, sehe ich das Bild des fastenden und betenden Propheten vor mir. Auch ich glaube fest daran, dass die Stärke der Seele in dem Maße wächst, in dem man das Fleisch unterwirft. (121)

Die leise Stimme

Schon oft ist mir klar geworden, dass, wer nach Wahrheit sucht, schweigsam sein muss. Ich kenne die wunderbare Wirkung des Schweigens. In Südafrika habe ich einmal ein Trappistenkloster besucht. Was für ein herrlicher Ort! Die meisten Bewohner des Klosters waren durch das Schweigegelübde gebunden. Ich fragte den Abt nach den Motiven dafür, und er sagte, der Grund liege auf der Hand: »Wir sind schwache Menschen; wir wissen sehr oft nicht, was wir sagen. Wenn wir auf die sanfte, leise Stimme hören wollen, die immer in uns spricht, werden wir sie nicht verstehen können, wenn wir selbst ständig reden.« Diese wertvolle Lehre habe ich begriffen. Ich kenne also das Geheimnis des Schweigens. (91)

Schweigen und Wahrheit

Die Erfahrung hat mich gelehrt, dass Schweigen Teil der spirituellen Übung ist, der sich ein Wahrheitssucher unterwirft.

Es ist eine natürliche Schwäche des Menschen, die Wahrheit – wissentlich oder unwissentlich – zu übertreiben, zu unterdrücken oder abzuwandeln; da ist das Schweigen hilfreich, um diese Schwäche zu überwinden. Ein Mensch, der nur wenige Worte macht, wird selten gedankenlos daherreden. Er wird jedes Wort abwägen. (91)

Der Wert des Schweigens

Wenn man darüber nachdenkt, so kann man sich des Eindrucks nicht erwehren, dass nahezu die Hälfte allen Elends auf der Welt verschwinden würde, hätten wir elenden Sterblichen den Wert des Schweigens kennen gelernt. (91)

Wahrheitssucher

Schweigen ist eine große Hilfe für einen Wahrheitssucher wie mich. Im Zustand des Schweigens findet die Seele ihren Weg in einem klareren Licht, und alles Trügerische und alle Täuschung lösen sich auf in kristallene Klarheit. Unser Leben ist eine lange, beschwerliche Suche nach der Wahrheit, und die Seele braucht innere Ruhe, um zu ihrer vollen Größe zu gelangen.

(92)

Wachsamkeit

Wer Gott dient, der handelt nach dem, was seine innere Stimme ihm sagt. Doch kann auch die innere Stimme uns manchmal täuschen. Darum muss auch ein Diener Gottes immer wachsam bleiben. (168)

Im Schutz des Vaters

Frage: Hat in Ihrem Gebet auch das Bittgebet einen Platz?

Gandhi: Ja und nein. Gott kennt unsere Wünsche und sieht sie im Voraus. Die Gottheit braucht meine Bitten nicht, doch ich, als ein ganz unvollkommenes menschliches Wesen, brauche seinen Schutz wie ein Kind den des Vaters. Und doch weiß ich, dass nichts, was ich tue, an seinen Plänen etwas ändern kann. Wenn Sie wollen, können Sie mich einen Fatalisten nennen.

Frage: Erfahren Sie irgendeine Antwort auf Ihr Gebet?

Gandhi: In dieser Hinsicht kann ich mich glücklich schätzen. Niemals habe ich erlebt, dass Gott mir die Antwort schuldig geblieben ist. Ich habe ihn am tiefsten erfahren, wenn alles um mich herum dunkel war – während meiner Leiden im Gefängnis, als die Dinge für mich keineswegs immer glatt gelaufen sind. Ich kann mich an keinen Augenblick in meinem Leben entsinnen, wo ich das Gefühl gehabt hätte, von Gott verlassen zu sein. (73)

Der unbekannte Gott

Frage: Wenn Sie zu Gott beten, kann er dann eingreifen und das Gesetz um Ihretwillen außer Kraft setzen?

Gandhi: Gottes Gesetz bleibt unverändert, aber da ebendieses Gesetz sagt, dass jede Tat ein Ergebnis hat, wird jedes Gebet, das ein Mensch spricht, im Sinne des Gesetzes Gottes ein unerwartetes Ergebnis hervorbringen.

Frage: Kennen Sie denn den Gott, zu dem Sie beten?

Gandhi: Nein, ich kenne ihn nicht.

Frage: Zu wem sollen wir dann beten?

Gandhi: Zu dem Gott, den wir nicht kennen – wir kennen nicht immer die Person, die wir um etwas bitten.

Frage: Das mag sein, aber die Person, die wir um etwas bitten, kann doch erkannt werden.

Gandhi: Das gilt auch für Gott; und da er erkannt werden kann, suchen wir. Mag sein, dass es eine Milliarde Jahre dauert, bevor wir ihn finden. Was macht das schon? Darum sage ich, selbst wenn Sie nicht glauben, dürfen Sie nicht aufhören zu beten, d.h. zu suchen. »Hilf meinem Unglauben«, sagt ein Bibelvers*, an den wir uns erinnern sollten. Aber es ist nicht recht, solche Fragen zu stellen. Wichtig ist grenzenlose Geduld und innere Sehnsucht. Innere Sehnsucht macht all diese Fragen überflüssig. »Glaube, und du wirst heil werden«, so lautet ein anderer Ratschlag aus der Bibel**.

Frage: Wenn ich die Natur um mich herum ansehe, dann sage ich mir: Es muss einen Schöpfer, einen Gott, geben, und zu ihm sollte ich beten.

Gandhi: Auch das ist vernunftgemäßes Denken; Gott aber ist jenseits der Vernunft. Doch will ich nichts sagen, wenn Ihre Vernunft ausreicht, um Ihnen Halt zu geben. (44/45)

* Markus 9,24.

** Apostelgeschichte 16,31.

Eins-Werden

Wenn ich bete, dann bitte ich um nichts, sondern denke ganz einfach an einige Verse oder Hymnen, an denen ich in diesem Moment Gefallen finde.

Die Beziehung zwischen Gott und mir ist, nicht nur während des Gebetes, sondern zu allen Zeiten, die zwischen einem Herrn und seinem Sklaven, der in ewiger Knechtschaft lebt.

Für mich ist das Gebet die tiefe Sehnsucht des Herzens, ganz im Herrn aufzugehen. Wenn ein Mensch nicht betet, dann kennt er offenbar keine Sehnsucht; er kennt kein Gefühl der Hilflosigkeit, und wo es keine Hilflosigkeit gibt, da gibt es auch keinen Grund zu helfen. (73)

Sein Wille geschehe

Man kann im Hinblick auf eine Person oder eine bestimmte Angelegenheit beten und darin sogar erhört werden. Wenn wir jedoch beten, ohne ein solch spezielles Anliegen im Blick zu haben, dann wird das für uns und auch für die Welt von größerem Nutzen sein. Beten übt einen Einfluss auf uns selbst aus; unsere Seele wird wachsamer, und je wachsamer sie wird, desto größer wird ihre Einflusssphäre.

Das Gebet ist eine Tätigkeit des Herzens. Wir beten laut um das Herz aufzuwecken. Die Kraft, die das Universum durchdringt, ist auch im menschlichen Herzen gegenwärtig. Der Leib setzt ihr keinerlei Hindernis entgegen. Wenn es ein Hindernis gibt, dann haben wir es uns selbst geschaffen, und durch das Gebet wird es beseitigt. Wir können niemals wissen, ob ein Gebet das erhoffte Ergebnis gebracht hat oder nicht. Ich kann darum beten, dass Narmada von ihren Schmerzen erlöst wird; doch auch wenn sie hinterher keine Schmerzen mehr hat, darf ich dies nicht meinem Gebet zuschreiben.

Das Gebet ist niemals fruchtlos, doch wir können nicht wissen, worin seine Frucht besteht. Wir sollen uns auch nicht einbilden, dass es eine gute Sache ist, wenn es zum ersehnten Ziel führt. Auch hier gilt es, die Lehre der *Gītā* zu befolgen. Wir sollen für etwas beten und doch frei bleiben von allen Verhaftungen. Wir können für die Erlösung *(Mukti)* eines Menschen beten, doch wir sollten uns nicht darum sorgen, ob er das, was wir für ihn erwünschen, bekommt oder nicht. Auch wenn das Ergebnis genau das Gegenteil von dem ist, was wir erbeten haben, ist dies noch kein Anlass zu folgern, dass unser Gebet fruchtlos gewesen ist.

(79/80)

Das Ideal

Es gibt im Grunde nur ein Gebet, das wir darbringen können: Dein Wille geschehe. Nun mag man fragen, worin der Sinn eines solchen Gebetes liegt. Die Antwort lautet: Man darf Gebet nicht vordergründig, grob verstehen. Wir wissen wohl, dass Gott in unserem Herzen gegenwärtig ist, und um uns von allen anderen Bindungen freizumachen, stellen wir uns ihn für diesen Augenblick von uns losgelöst vor und beten zu ihm. Mit anderen Worten, wir wollen nicht dahin gehen, wohin unser eigensinniger Wille uns führen mag, sondern wo uns der Herr hinbringt. Wir wissen ja nicht, ob es gut ist, zu leben oder zu sterben. Darum sollten wir weder viel Vergnügen am Leben finden noch erschauern bei dem Gedanken an den Tod. Wir sollten beiden gegenüber gleichmütig sein. Das ist das Ideal. Es mag lange dauern, bevor wir es erreichen, und nur wenigen von uns gelingt es. Doch auch dann müssen wir das Ziel ständig vor Augen haben, und je schwieriger es zu sein scheint, es zu erreichen, umso größer sollte die Mühe sein, die wir darauf verwenden.

(78)

IV

Selbstloser Dienst an den Armen

Das himmlische Königreich

Gott kommt nicht in eigener Person herab, um das Leid aus der Welt zu schaffen. Er wirkt durch die Vermittlung des Menschen. Wenn wir darum zu Gott beten, er möge uns befähigen, das Leiden anderer zu lindern, dann muss das auch heißen, dass wir selbst das Verlangen und die Bereitschaft haben, dafür zu arbeiten. Das Gebet schließt nichts aus. Es beschränkt sich nicht auf die eigene Kaste oder Gemeinschaft. Es schließt alles mit ein. Es umfasst die ganze Menschheit. Echtes Gebet bedeutet darum, dass wir auf der Erde das himmlische Königreich errichten. (20)

Gottesdienst und Menschen-Dienst

Frage: Wäre es nicht besser, dass ein Mensch die Zeit, die er mit der Anbetung Gottes zubringt, für den Dienst an den Armen einsetzt? Und könnte nicht ein aufrichtiger Dienst an solchen Menschen Gottesdienst und Anbetung überflüssig machen?

Gandhi: Hinter dieser Frage scheinen mir gedankliche Trägheit und auch Agnostizismus zu stecken. Selbst die größten *Karma-Yogis** haben niemals auf fromme Gesänge oder Gottesdienste verzichtet. Im Idealfall könnte man zwar sagen, dass wahrer Dienst an den Armen selbst schon Gottesdienst ist und dass solche frommen Menschen keine Zeit mit Gesängen und Ähnlichem zubringen müssen. Aber es ist eine

* Yogis, die in selbstloser Absicht den Menschen dienen.

Tatsache, dass *Bhajans* usw. eine Hilfe für den aufrichtigen Dienst sind und das Andenken an Gott im Herzen des Frommen lebendig halten.

Frage: Sind nicht auch Meditation und Anbetung eine heilige Pflicht?

Gandhi: Meditation und Anbetung sind nicht so exklusiv, dass man sie wie Juwelen in einer sicher verschlossenen Schatulle aufbewahren müsste. Sie sollen vielmehr in jeder unserer Handlungen sichtbar werden. (77/78)

Die Religion des Dienens

Anbetung Gottes heißt, den Lobpreis Gottes singen. Das Gebet ist das Bekenntnis der eigenen Schwachheit und Unwürdigkeit. Gott hat tausend Namen, oder besser: Er ist namenlos. Wir können zu ihm beten und ihn verehren mit dem Namen, der uns eben gefällt. Einige nennen ihn Rāma, einige Krishna, andere nennen ihn Rahim und wieder andere Gott. Alle beten denselben Geist an, aber so wie nicht alle Speisen für alle bekömmlich sind, so sind nicht alle Namen für alle geeignet. Jeder wählt den Namen, der seinen Gedanken entspricht, und er, der Allmächtige, Allwissende, der allem innewohnt – er kennt unsere innersten Gefühle und antwortet uns, wie es unserem Verlangen entspricht.

Lobpreis und Gebet werden also nicht mit den Lippen, sondern aus dem Herzen hervorgebracht, und darum kann dies auch der Stumme und der Stotterer, der Unwissende und der Törichte. Die Gebete derer jedoch, die mit honigsüßer Stimme sprechen, deren Herzen aber voller Gift sind, werden niemals erhört. Darum muss, wer zu Gott beten will, sein Herz reinigen ...

Der Glaube ist nichts anderes als das lebendige, voll erwachte Bewusstsein von Gott in uns. Wer diesen Glauben erlangt hat, hat keine Wünsche mehr. Wenn auch körperlich krank, ist er doch geistlich gesund ...

Nun kann man fragen, wie denn das Herz derart rein gemacht werden kann. Es ist einfach, die Sprache der Lippen zu lehren, aber wer kann die Sprache des Herzens lehren? Nur der *Bhakta* – der wahre Gottesanbeter – kennt sie und kann sie lehren. Die *Gītā* hat an drei Stellen beschrieben, was ein *Bhakta* ist, und sie spricht eigentlich überall von ihm. Doch die Kenntnis der Definition eines *Bhakta* ist kaum eine ausreichende Richtschnur. *Bhaktas* sind selten auf dieser Erde. Darum habe ich als Weg dorthin die Religion des Dienens vorgeschlagen. Gott selbst sucht sich seine Wohnung im Herzen des Menschen, der seinen Brüdern dient ...

Wer aber sind die Notleidenden und die Jammervollen? Es sind die Unterdrückten und die mit Armut Geschlagenen. Wer also ein *Bhakta* sein will, muss ihnen mit Leib, Seele und Geist dienen. Wie kann dann jemand, der die unterdrückten Klassen als Unberührbare betrachtet, ihnen mit dem Leib dienen? Wer nicht bereit ist, sich zu erniedrigen und seinen Körper anzustrengen, um zum Wohle der Armen zu spinnen*, wer stattdessen mit lahmen Ausreden aufwartet, der weiß nicht, was Dienen bedeutet. Ein kerngesunder Kerl braucht keine Almosen, sondern die Aufforderung, für

* Spinnen galt Gandhi als ein Symbol der Solidarisierung mit den Armen und als ein Schritt hin zur materiellen Unabhängigkeit. Er forderte, dass alle die Stoffe für ihre eigene Kleidung herstellen.

sein Brot zu arbeiten. Almosen würden ihn entwürdigen. Wer in Gegenwart der Armen spinnt und sie auffordert, das Gleiche zu tun, dient Gott wie kein anderer. »Wer mir im Geiste der Gottesliebe eine Kleinigkeit gibt, wie eine Frucht, eine Blume oder auch nur ein Blatt, der ist mein Diener«, sagt der Herr in der *Bhagavadgītā*. Wenn jemand seinen Schemel dort hinstellt, wo die Niedrigen, die Unbedeutendsten und die Verlorenen leben, dann ist Spinnen für einen solchen Menschen das größte Gebet, der höchste Gottesdienst und das größte Opfer.

Darum spielt es keine Rolle, in wessen Namen das Gebet gesprochen wird. Das betende Herz ist der Vermittler, und Dienen erschafft ein betendes Herz. Alle Hindus, die in unserer Zeit den Unberührbaren aus ganzem Herzen dienen, beten wahrhaft. Hindus und alle anderen, die betend für die Armen und Bedürftigen spinnen, beten wahrhaft. (81–83)

Die Religion des Spinnrads

Der Moslem zählt die Perlen seines *Tasbih* und der Christ die seines Rosenkranzes. Doch würden sich beide ihrer Religion gegenüber als untreu empfinden, wenn ihr *Tasbih* oder ihr Rosenkranz sie davon abhielte, dem zu Hilfe zu kommen, der zum Beispiel, von einer Schlange gebissen, am Boden liegt. Allein die Kenntnis der *Vedas** macht unsere *Brahmanen*** noch

* Die ältesten heiligen Schriften der Hindus.

** Angehörige der Priesterkaste.

nicht zu geistlichen Lehrern ... Ein *Brahmane*, der die Religion unserer Zeit verstanden hat, wird die Beschäftigung mit den *Vedas* sicher als zweitrangig betrachten; er wird vielmehr die Religion des Spinnrads verkünden, wird den Hunger von Millionen seiner verhungernden Landsleute lindern wollen, und erst dann – und nicht eher – wird er sich selbst im Studium der *Vedas* verlieren. (75)

Der authentische Weg

Der eigentliche Weg, zum Herrn Krishna zu beten, ist, in seinem Namen denen einen geringen Dienst zu erweisen, die weniger vom Glück begünstigt sind als wir. (77)

Gebet und Arbeit

Echtes Gebet, das von Herzen kommt, hat immer echte Arbeit zur Folge. Und am Ende wird die Arbeit selbst zum Gebet. (76)

Wo Gott wohnt

Es gibt keinen reineren und Gott wohlgefälligeren Gottesdienst als den selbstlosen Dienst an den Armen. Die Reichen in ihrer Arroganz und in ihrem intellektuellen Stolz vergessen Gott oft und stellen sogar seine Existenz in Frage. Doch Gott wohnt unter den Armen, denn sie klammern sich an ihn, der ihre einzige Zuflucht und ihr Schutz ist. Den Armen zu dienen heißt also, Gott selbst zu dienen. (77)

Besitzlosigkeit

Wenn wir in uns die Fähigkeit entwickeln wollen, alle Menschen als gleich zu betrachten, dann sollte es auch unser Ziel sein, nur das zu bekommen, was auch der Rest der Welt bekommt. Wenn also die ganze Welt Milch bekommt, dann sollen auch wir welche haben. Wir müssten also zu Gott beten und sagen: »O Gott, wenn du willst, dass ich Milch bekomme, dann gib sie erst dem Rest der Welt.« Doch wer kann in dieser Weise beten? Nur wer so stark mit den anderen mitempfindet und sich für ihr Wohl einsetzt. Auch wenn wir dieses Prinzip nicht verwirklichen können, müssen wir es doch wenigstens verstehen und gutheißen. Darum sollte zurzeit unser einziges Gebet zu Gott darin bestehen, dass er von uns, die wir so tief gefallen sind, auch die kleinen Dinge annimmt, die wir tun können. Auch wenn wir in dieser Richtung keine sehr großen Fortschritte machen, möge er uns dennoch die Kraft geben, unseren Besitz einzuschränken. Wenn wir diese Sünden bereuen, dann wird unser Besitz schließlich nicht weiter anwachsen. Wir sollten nichts für uns behalten und meinen, es sei unser Eigentum, sondern vielmehr uns darum bemühen, so viel von unserem Besitz aufzugeben, wie wir nur können. (166/167)

V

Formen der Anbetung

Geläutertes Gold

Mehr und mehr erkennen wir, dass es die Anbetung Gottes ist – und sei sie auch noch so primitiv –, die den Menschen vom Tier unterscheidet. Dass er zusätzlich im Besitz dieser Fähigkeit ist, gibt ihm einen so ungeheuren Einfluss auf Gottes Schöpfung. Dabei ist es gänzlich unbedeutend, dass Millionen gebildeter Menschen niemals eine Kirche, Moschee oder einen Tempel besuchen. Das gehört nicht natürlich und notwendig zur Anbetung dazu. Sogar Menschen, die ihr Haupt vor Baumstümpfen oder Steinen neigen, die an Zaubersprüche oder Geister glauben, erkennen eine Macht über sich und jenseits ihrer selbst an. Sicher ist diese Form der Anbetung sehr unausgereift; dennoch, es ist Anbetung Gottes. Gold bleibt immer Gold, auch in der unedelsten Form. Es bedarf nur der Läuterung, damit auch der Unwissende es wie Gold behandelt. Keine noch so vollkommene Läuterung wird Erz in Gold verwandeln können. Zweifellos ist es die Aufgabe des Menschen, die Anbetung immer mehr zu veredeln. Die primitivsten Formen der Anbetung sind so alt wie Adam, sie sind so natürlich wie Essen und Trinken, wenn nicht noch natürlicher. Ein Mensch kann tagelang ohne Essen auskommen, er kann jedoch keine einzige Minute ohne das Gebet leben. Es kann sein, dass er diese Tatsache nicht erkennt, so wie ein unwissender Mensch nicht erkennt, dass er Lungen besitzt oder sich seines Blutkreislaufs nicht bewusst ist.

(126/127)

Beter und Bauern

Ich glaube, in einem Land wie Indien gilt: Je eher ein Mensch aufsteht, desto besser. Es ist ja so, dass Millionen früh aufstehen müssen. Wenn der Bauer spät aufsteht, wird sein Getreide Schaden nehmen. Kühe und anderes Vieh müssen früh am Morgen gemolken werden. Angesichts dieser Tatsache ist es gut, dass Wahrheitssucher, Mönche und Diener des Volkes um zwei oder drei Uhr morgens wach sind; es wäre verwunderlich, wenn es nicht so wäre. In allen Ländern der Erde stehen die Beter und die Bauern früh auf. Die Beter beschäftigen sich mit dem Namen Gottes, und die Bauern arbeiten auf den Feldern und dienen damit der Welt ebenso wie sich selbst. In meinen Augen ist beides eine Form von Anbetung. Bei den Betern liegt es auf der Hand, die Bauern hingegen beten Gott unbewusst durch ihre Mühen an, denn sie dienen damit dem Wohl der Erde. Würden sie sich mit religiöser Meditation beschäftigen, statt auf den Feldern zu arbeiten, würden sie ihre Pflicht versäumen und sich selbst und die Welt zugrunde richten. (146)

Kein hohler Aberglaube

Das Gemeinschaftsgebet ist eine große Sache. Was wir allein nur selten tun, das tun wir hier zusammen mit anderen ... Es ist eine allgemeine Erfahrung, dass Menschen, die keinen besonders starken Glauben haben, Hilfe und Halt im gemeinsamen Gebet suchen. Nicht alle, die da in die Kirchen, Tempel oder Moscheen strömen, sind Spötter oder Schwindler. Es sind ernsthafte Männer und Frauen. Für sie ist das Gemeinschaftsgebet – wie das tägliche Bad – von existenzieller Notwendigkeit. Diese Orte der Anbetung pflegen keinen hohlen Aberglauben, der bei der erstbesten Gelegenheit in sich zusammenfällt. Sie haben bis heute allen Angriffen standgehalten und werden sicher bestehen bis ans Ende der Zeiten. (39)

Die Kraft der Reinheit

Wenn wir Gebetstreffen besuchen, dann tun wir das, um mit Gott Gemeinschaft zu haben und unseren suchenden Blick nach innen zu lenken. So können wir – mit Gottes Hilfe – unsere Schwachheit überwinden. Ich glaube, dass man in der Gemeinschaft mit dem Reinen auch reine Gedanken in sich aufnimmt. Auch wenn es nur einen einzigen reinen Menschen geben sollte, so würden doch alle anderen von der Reinheit dieses einen berührt werden. Es ist Voraussetzung, dass wir in dieser Haltung zum Gebet kommen – sonst ist unser Kommen sinnlos. Ja, ich gehe noch weiter und behaupte, auch wenn wir alle unsere Schwachheiten hätten, würden uns aber zum Gebet zusammenfinden mit der Absicht, sie zu überwinden, dann würde unser tagtägliches gemeinsames Bemühen eine rasche Besserung herbeiführen. Denn wenn schon eine Zusammenarbeit auf wirtschaftlichem oder politischem Feld notwendig ist, so ist sie umso notwendiger auf der moralischen Ebene. Hierin liegt die Bedeutung der Gebetstreffen, die ich seit meiner Rückkehr nach Indien immer wieder abhalte. (103/104)

Gemeinsame Anbetung

Es steht dem Menschen gut an, sich 24 Stunden am Tag seines Schöpfers zu erinnern. Wenn wir das nicht können, dann sollten wir uns zumindest zur Gebetszeit zusammenfinden, um unseren Bund mit Gott zu erneuern. Ob Hindus oder Moslems, Parsen, Christen oder Sikhs – wir alle beten denselben Gott an. Das Gemeinschaftsgebet ist ein nützliches Mittel, die grundlegende Einheit der Menschen durch gemeinsame Anbetung zu verwirklichen ...

Wer die Geschwisterlichkeit aller Menschen und Gott als ihren Vater akzeptiert, der wird immer eine Gemeinschaft finden, wohin er auch geht, und er wird in sich niemals Gefühle der Spaltung oder Trennung hegen. Darum bitte ich euch: Haltet fest am Gebet.

(101/102)

Zwei Bedingungen

Frage: Ist es möglich, dass die Tausende, die zu Ihren Gebetsversammlungen kommen, während des Betens ihren Geist wirklich auf eine bestimmte Sache konzentrieren können?

Gandhi: Ich kann nur sagen, ja. Denn wenn ich nicht an große Gebetsveranstaltungen glaubte, dann sollte ich damit aufhören, öffentliche Gebetstreffen abzuhalten. Meine Erfahrung aber gibt diesem Glauben Recht. Der Erfolg hängt von der Reinheit des geistlichen Führers und vom Glauben der Zuhörerschaft ab. Ich kenne Fälle, in denen die Zuhörer Glauben hatten und der Führer ein Betrüger war. So etwas wird immer wieder passieren. Doch wie die Sonne, so scheint auch die Wahrheit auf inmitten der Finsternis der Unwahrheit. In meinem Fall wird man die Wahrheit vielleicht nach meinem Tod erkennen. (108)

Vor Gottes Angesicht

Obwohl ich schon einmal über dieses Thema geschrieben habe, scheint es mir so wichtig, dass ich es noch einmal tun möchte. Ich habe den Eindruck, dass die Menschen nicht begreifen, wie notwendig das persönliche Gebet ist. Die Idee des Gemeinschaftsgebetes ist aus dem Bedürfnis des Einzelnen zu beten hervorgegangen. Wenn also die einzelnen Menschen kein solches Bedürfnis empfinden, wie kann es dann eine Gemeinschaft tun? Gemeinschaftsgebete dienen auch dem Wohle der Einzelnen. Sie helfen dem Menschen in seinem Streben nach Selbsterkenntnis, um zur Selbstreinigung zu gelangen. Darum ist es notwendig, dass wir alle begreifen, wie wichtig das persönliche Gebet ist. Sobald ein Kind anfängt, verständig zu werden, soll seine Mutter es beten lehren. Das ist in allen Religionen gleich.

Es gibt zumindest zwei feste Zeiten für ein solches Gebet: Wir sollen uns dem Herrn zuwenden, wenn wir am Morgen erwachen und wenn wir uns am Abend schlafen legen. Während des Tages werden jeder Mann und jede Frau, die geistlich wachsam sind, bei allem, was sie tun, an Gott denken, und Gott wird Zeuge ihres Tuns sein. Ein solcher Mensch wird niemals etwas Böses tun, und es wird die Zeit kommen, wo jeder seiner Gedanken in der Anschauung Gottes gedacht und unter seiner Herrschaft stehen wird. Dann hat der Mensch einen Zustand erreicht, in dem er sich selbst bis zum Nichts zurückgenommen hat. Ein solcher Mensch, der beständig vor Gottes Angesicht lebt, wird in jedem Augenblick fühlen, dass Rāma in seinem Herzen wohnt …

Dieses persönliche Gebet ist überhaupt nicht zeitaufwändig. Es erfordert keine Zeit, sondern Wachheit. Genauso, wie wir unseren unaufhörlichen Lidschlag nicht als zeitaufwändig empfinden, geht es uns auch mit dem inneren Gebet. Dennoch sind wir uns dessen bewusst, dass die Augenlider ihre Aufgabe erfüllen; und in gleicher Weise soll auch das Gebet beständig in unserem Herzen weitergehen. (105/106)

Die Kraft der Jahrhunderte

Man wehrt sich dagegen, im Gebet Tag für Tag das Gleiche zu wiederholen, weil man meint, es würde auf diese Weise mechanisch und wirkungslos. Es ist wahr, dass das Gebet mechanisch wird. Wir selbst sind »Maschinen«, und wenn wir glauben, dass Gott es ist, der uns bewegt, dann müssen wir uns auch wie »Maschinen« in seiner Hand verhalten. Wenn die Sonne und andere Himmelskörper sich nicht bewegten wie Maschinen, würde das Universum zum Stillstand kommen … Es kommt nicht darauf an, ob die Inhalte des Gebetes immer gleich oder jeden Tag unterschiedlich sind. Selbst wenn sie voller Vielfalt sind, ist es möglich, dass sie wirkungslos werden. Die *Gayātri*-Verse* der Hindus, das Glaubensbekenntnis *(Kalma)* der Moslems und das zentrale christliche Gebet in der Bergpredigt sind jahrhundertelang jeden Tag von Millionen Menschen gesprochen worden; und dennoch ist ihre Kraft nicht geringer geworden, sondern sie wächst immer noch an. Es kommt alles auf den Geist an, der hinter einem solchen Gebet steht. Wenn ein Ungläubiger oder ein Schwätzer diese mächtigen Worte dahersagt, dann werden sie sicher ihre Wirkung verfehlen. Wenn aber ein Glaubender sie immer wieder ausspricht, dann wird ihr Einfluss von Tag zu Tag größer werden.

(151/152)

Das Gerüst *(aus einer Diskussion)*

Ein Mathematiker: »Diese Wiederholung ein und derselben Sache immer und immer wieder ist für mich ein Ärgernis. Mag sein, dass es an einem Defekt meines mathematisch-rationalen Wesens liegt. Aber irgendwie kann ich keinen Gefallen an der Wiederholung finden. So kann mich zum Beispiel noch nicht einmal Bachs herrliche Musik anziehen, wenn die Textpassage

* »Om! Wir versenken uns ehrfürchtig
in die Herrlichkeit der Gottheit:
Erfülle uns mit geistiger Kraft«
(Rigveda III, 62,10).

›Vater, vergib ihnen, denn sie wissen nicht, was sie tun‹ ständig wiederholt wird.«

»Aber«, so Gandhi darauf mit einem Lächeln, »selbst in der Mathematik gibt es doch die periodischen Dezimalzahlen.«

»Aber hier kehrt jede mit einem eindeutig neuen Wert wieder«, entgegnete der Mathematiker.

»Genauso«, sagte Gandhi, »hat jede Wiederholung – jedes *Japa,* wie man es nennt – eine neue Bedeutung; jede Wiederholung bringt Sie näher und näher zu Gott. Das ist eine klare Tatsache, und ich kann Ihnen versichern, dass Sie hier nicht mit einem Theoretiker sprechen, sondern mit einem, der das, was er sagt, in jeder Minute seines Lebens erfahren hat – und zwar so sehr, dass es leichter wäre, das Leben hielte an, als dass dieser Prozess anhält. Es ist eine absolute Notwendigkeit für die Seele.«

»Das leuchtet mir ein, aber für den normalen Menschen wird es doch zu einer leeren Formel.«

»Da stimme ich Ihnen zu, aber selbst die beste Sache kann nicht vor Missbrauch geschützt werden. Natürlich gibt es Spielraum für jede Menge Heuchelei. Doch ich weiß, dass man neben zehntausend Heuchlern Millionen schlichter Seelen finden wird, die ihren Trost darin finden. Es ist so wichtig wie das Gerüst beim Hausbau.«

»Aber«, sagte ein anderer, »wenn ich das Beispiel etwas weiterführen darf, so werden Sie doch zustimmen, dass man das Gerüst entfernen muss, wenn das Haus fertig ist.«

»Ja, man wird es wegnehmen, wenn man den Körper wegnimmt.«

»Warum?«

»Weil wir«, so ein anderer, der der Diskussion gebannt gefolgt war, »immerzu weiterbauen.«

»Weil wir«, so Gandhi, »immerzu nach Vollkommenheit streben. Gott allein ist vollkommen – der Mensch aber ist niemals vollkommen.« (35/36)

Götzendienst und Bilderverehrung

Frage: Ich bin ein Hindustudent. Ich war eng befreundet mit einem Moslem, doch haben wir uns über die Frage der Bilderverehrung entzweit. Ich selbst finde Trost in der Bilderverehrung; aber ich kann meinem Moslemfreund keine Antwort geben, die ihn überzeugen würde. Können Sie nicht im »Harijan«* etwas dazu sagen?

Gandhi: Ihnen und Ihrem Moslemfreund gilt meine Anteilnahme ... Wenn Ihr Freund Sie wirklich liebt, dann wird er sein Vorurteil gegen Bilderverehrung überwinden. Eine Freundschaft, die eine Gleichheit der Meinung und der Lebensweise erzwingen will, ist nicht viel wert. Freunde müssen den Lebensstil und die Gedanken des anderen akzeptieren, auch da, wo sie sich unterscheiden; es sei denn, die Unterschiede sind von grundlegender Bedeutung. Es mag sein, dass Ihr Freund zu der Überzeugung gekommen ist, dass es sündhaft ist, mit Ihnen Gemeinschaft zu haben, da Sie ein Götzendiener sind. Götzendienst ist schlecht, nicht aber Bilderverehrung. Ein Götzendiener macht einen

* Zeitung, die Gandhi herausgab.

Fetisch aus seinem Bild. Ein Bilderverehrer entdeckt Gott sogar in einem Stein, und darum nimmt er nur das Bild zu Hilfe, um zur Einheit mit Gott zu gelangen. Jedes Hindukind weiß, dass der Stein im berühmten Tempel von Benares nicht *Kāshī Vishwanāth** ist. Und dennoch glaubt es, dass der Herr des Universums besonders in diesem Stein wohnt. Dieses Spiel der Fantasie ist erlaubt und hilfreich. Keine Ausgabe der *Gītā* in einem Buchladen hat die Heiligkeit, die ich meiner eigenen Ausgabe zuschreibe. Der Verstand sagt mir, dass in meiner eigenen Ausgabe nicht mehr Heiligkeit liegt als in irgendeiner anderen. Die Heiligkeit liegt in meiner eigenen Vorstellung. Doch diese Vorstellung bringt wunderbarste konkrete Ergebnisse hervor. Sie ändert das Leben der Menschen ... Ein Buch, ein Bauwerk, ein Bild, eine geschnitzte Statue – das sind sicherlich alles Bilder, in denen Gott wohnt, aber sie sind nicht Gott. Wer sagt, sie seien Gott, der irrt. (129/130)

Symbole

Ich lehne Bilderverehrung nicht ab. In mir selbst ruft ein Bild keinerlei Gefühle der Verehrung hervor. Doch glaube ich, dass Bilderverehrung ein Teil der menschlichen Natur ist. Wir sehnen uns nach Symbolen. Denn warum sonst sollte man in einer Kirche gesammelter sein als anderswo? Bilder sind eine Hilfe zur Anbetung ... Ich halte Bilderverehrung nicht für eine Sünde.

(116)

* Gott Siva.

Der verborgene Gott

Der sterbliche Mensch versucht, sich Gott vorzustellen, obwohl er in Wirklichkeit verborgen und a-personal ist; und da ihn die Sprache hier im Stich lässt, beschreibt er ihn oft negativ als *»Neti, Neti«* (nicht dies, nicht das). Darum sind letzten Endes auch die Bilderstürmer nicht besser als die Bilderverehrer. Ein Buch verehren, in eine Kirche gehen oder beten und dabei das Gesicht in eine bestimmte Richtung wenden – all dies sind Formen der Anbetung des Formlosen, der in einem bestimmten Bild oder Götzenbild wohnt. Und dennoch dürfen beide, der Bilderstürmer und der Bilderverehrer, die Tatsache nicht aus dem Auge verlieren, dass es etwas gibt, was jenseits aller Form ist: das Unausdenkbare, Formlose, A-Personale, Unveränderliche. Es ist das höchste Ziel des Beters, eins zu werden mit dem Gegenstand seiner Anbetung. Der *Bhakta** löscht seine eigene Person aus und taucht in *Bhagavān*** ein, ja er wird selbst *Bhagavān.* Diesen Zustand kann man am besten erlangen, wenn man sich für die Anbetung einer bestimmten Form entscheidet, und darum sagt man, dass die unmittelbare Anbetung des formlosen, verborgenen Gottes besonders schwierig ist.

(125/126)

* Verehrer eines persönlichen Gottes.

** Der persönliche Gott.

Unvorstellbar

Der Mensch kann sich Gott nur in den Grenzen seines eigenen Denkens vorstellen. Wenn Gott weit und grenzenlos ist wie das Meer – wie kann sich dann ein winziger Tropfen wie der Mensch vorstellen, was Gott ist? Er kann nur erfahren, wie das Meer ist, wenn er hineinfällt und darin untertaucht. Diese Erfahrung übersteigt alle Beschreibungsversuche.

Nur der kann wahrhaftig beten, der davon überzeugt ist, dass Gott in ihm ist. Wer diese Überzeugung nicht hat, braucht nicht zu beten. Dadurch wird Gott nicht beleidigt, doch kann ich aus eigener Erfahrung sagen, dass der, welcher nicht betet, mit Sicherheit ein Verlierer ist.

Welche Bedeutung hat es dann, ob einer Gott als Person oder als Kraft anbetet? Beide handeln richtig ihrer Erkenntnis entsprechend. Keiner weiß und keiner wird es vermutlich jemals wissen, welches der absolut richtige Weg zum Gebet ist. Das Ideal muss immer ein Ideal bleiben. Man muss sich nur vergegenwärtigen, dass Gott die Kraft aller Kräfte ist. Alle anderen Kräfte sind materiell. Doch Gott ist die lebendige Kraft oder der Geist, der alles durchdringt, alles umfasst und darum das menschliche Begreifen übersteigt. (30/31)

VI

Rāma-Nāma – Den Namen Gottes im Herzen tragen

Was ist Rāma?

Du fragst: Was ist Rāma? Ich könnte dir die Bedeutung des Wortes erklären, doch dann wäre es ziemlich fruchtlos für dich, diesen Namen zu wiederholen. Wenn du aber begreifst, dass Rāma jener ist, den du anbeten willst, und dann seinen Namen wiederholst, dann wird das wie ein Füllhorn für dich sein ... Der Beter muss nur eine einzige Bedingung erfüllen. Er darf den Namen Gottes nicht aussprechen, um Eindruck zu machen oder andere zu täuschen, sondern nur mit Glauben und fester Entschlossenheit. Wenn ein Mensch an dieser Art der Wiederholung festhält, dann habe ich nicht den Schatten eines Zweifels, dass der Name Gottes in allen Lebenslagen für ihn sorgen wird. Jeder, der die nötige Geduld hat, kann dies an sich selbst erfahren.

Tagelang, ja manchmal sogar jahrelang, werden die Gedanken umherwandern und rastlos sein, wird der Körper sich nach Schlaf sehnen, während man damit beschäftigt ist, den Namen Gottes zu wiederholen. Ja, es können auch noch schmerzlichere Symptome auftreten. Wenn der Gottsucher dennoch an der Wiederholung festhält, wird sie zwangsläufig ihre Frucht bringen. Spinnen ist eine grobe handwerkliche Fertigkeit, und doch kann man sie nur nach langwierigem, geduldigem Üben erlernen. Dinge, die schwieriger sind als Spinnen, erfordern von uns eine noch größere Anstrengung. Darum muss, wer darauf aus ist, das Höchste zu erlangen, sich für sehr lange Zeit der notwendigen Übung unterziehen und darf niemals verzagt sein.

Ich glaube, ich habe nun all eure Fragen beantwortet. Wenn ihr Glauben habt, dann wiederholt den Namen Gottes zu jeder Zeit, wenn ihr sitzt oder steht oder liegt, esst oder trinkt. Es ist kein Grund zur Verzweiflung, wenn damit eure ganze Lebenszeit dahingeht. Versucht es, dann werdet ihr von Tag zu Tag immer stärker den Frieden des Geistes erfahren. (172/173)

Das Tor zur Reinigung

Nun geht es darum, wie die Wiederholung des Namens Gottes die Sünden auslöscht. Jeder, der diese Übung ernsthaft praktiziert, hat mit Sicherheit einen festen Glauben. Er beginnt in der Überzeugung, dass eine solche Wiederholung seine Sünden auslöscht. Auslöschen der Sünden ist gleichbedeutend mit Selbstreinigung. Wenn einer Tag für Tag den Namen Gottes gläubig wiederholt, wird er dessen nicht müde werden, und so wird dieser Name, den er anfänglich nur mit den Lippen immer wieder spricht, schließlich auf den Grund seines Herzens sinken, und das macht ihn rein. Dies ist eine allgemeine Erfahrung. Auch die Psychologen glauben, dass der Mensch das wird, was er denkt. *Rāma-Nāma* folgt dieser Gesetzmäßigkeit. Ich selbst habe einen unerschütterlichen Glauben an die Kraft der Wiederholung des Namens Gottes. Ich glaube, wer sie entdeckt hat, hat eine persönliche spirituelle Erfahrung und eine Entdeckung von größter Wichtigkeit gemacht. Das Tor zur Reinigung muss auch dem Ungebildeten offen stehen. Die Wiederholung des Gottesnamens öffnet es ihm. Auch das Rosenkranzgebet und ähnliche Übungen sind Hilfen, sich zu konzentrieren und zu zählen, wie oft man den Namen Gottes schon wiederholt hat. (36)

Eine wohlerprobte Formel

Nichts ist einfacher, als in einer Hochstimmung ein Gelübde abzulegen. Aber schwierig wird es, dazu zu stehen, wenn man in Versuchung gerät. In einer solchen Lage ist Gott unsere Hilfe. Darum habe ich vorgeschlagen, dass wir uns an *Rāma-Nāma* halten. Rāma, Allah und Gott – das sind für mich auswechselbare Begriffe. Ich habe erlebt, dass einfache Leute sich der Illusion hingegeben haben, ich würde ihnen in ihrer Bedrängnis erscheinen. Diesen Aberglauben wollte ich ausräumen. Ich wusste ja, dass ich niemandem erschienen bin. Es war reine Einbildung von ihnen, auf einen schwachen Sterblichen zu bauen. Darum habe ich ihnen eine einfache und wohlerprobte Gebetsformel vorgeschlagen, die noch nie versagt hat: jeden Morgen vor Sonnenaufgang und jeden Abend vor dem Schlafengehen Gott anzurufen, damit er uns bei der Einhaltung unserer Gelübde beisteht. Millionen Hindus kennen Gott unter dem Namen Rāma. Als ich ein Kind war, lehrte man mich, Rāma anzurufen, wenn ich Angst hatte. Für viele meiner Gefährten ist Rāma der größte Trost in Stunden der Not gewesen. Ich habe die Unberührbaren damit bekannt gemacht, und ich mache auch meine Leser damit bekannt, wenn sie klar sehen können und ihr Glaube nicht durch übermäßiges Lernen verkümmert ist. Lernen hilft uns in vielen Lebenssituationen, aber es versagt völlig in Stunden der Gefahr und Versuchung. Dann rettet uns allein der Glaube. *Rāma-Nāma* nützt denen nichts, die Gott auf alle mögliche Weise herausfordern und dann auf Rettung hoffen. Es hilft denen, die in der Furcht Gottes leben, die sich selbst im Zaum halten wollen und die dennoch immer wieder daran scheitern. (176/177)

Natürlich wie der Herzschlag

Frage: Wenn man sich unterhält oder geistig arbeitet oder wenn man plötzlich von Sorgen überfallen wird – kann man dann *Rāma-Nāma* im Herzen sprechen? Gibt es Menschen, die das dann tun, und wenn ja, wie machen sie es?

Gandhi: Die Erfahrung zeigt, dass der Mensch dies zu jeder Zeit tun kann, sogar im Schlaf; vorausgesetzt, *Rāma-Nāma* ist in seinem Herzen eingeschlossen. Wenn der Umgang mit seinem Namen zur Gewohnheit geworden ist, dann wird seine Wiederholung mit dem Herzen so natürlich wie der Herzschlag. Andernfalls ist *Rāma-Nāma* eine rein mechanische Übung oder hat bestenfalls das Herz an seiner Oberfläche berührt.

Wenn *Rāma-Nāma* auf das Herz Einfluss gewonnen hat, wird die Frage nach einem lauten Aussprechen überflüssig. Denn dann übersteigt es die Sprache. Wir wollen aber festhalten, dass es nur wenige Menschen gibt, die einen solchen Zustand erreicht haben. Es kann keinen Zweifel daran geben, dass *Rāma-Nāma* all die Macht hat, die man ihm zuspricht. Niemand kann jedoch, nur durch seinen Wunsch, *Rāma-Nāma* in seinem Herzen einschließen. Dazu braucht man unermüdliche Anstrengung und Geduld. Wie viel Mühe und Geduld haben die Menschen aufgebracht, um den so genannten Stein der Weisen zu finden, der gar nicht existiert! Gottes Name ist mit Sicherheit viel mehr wert, und er ist immer da. (178/179)

Disziplin

Rāma-Nāma ... kann einem Kranken helfen, aber es hat seine eigenen Gesetzmäßigkeiten und Regeln. Man kann nicht erst gefräßig sein, Rāma, Rāma sagen und dann Gandhi Vorwürfe machen, wenn man Bauchschmerzen bekommt. *Rāma-Nāma* hat seinen eigenen Anwendungsbereich. Niemand kann *Rāma-Nāma* sagen, sich Schandtaten erlauben und dann hoffen, Erlösung zu erlangen. Dies ist nur etwas für Menschen, die dazu bereit sind, die Disziplin zu wahren, die für ihre Läuterung nötig ist. (199)

Die Gesetze der Natur

Es genügt, wenn wir erkennen, dass jede Krankheit nichts anderes ist als die Übertretung eines uns unbekannten Naturgesetzes. Darum müssen wir danach streben, die Gesetze der Natur zu erkennen und ihnen zu gehorchen. Wenn wir also krank sind, dann ist das Herzensgebet Arbeit und Medizin zugleich. (198)

Natur-Heilmittel

Rāma-Nāma als Heilmittel gegen geistliche Leiden ist so alt wie die Welt. Aber das Größere schließt das Geringere mit ein. Darum behaupte ich, dass *Rāma-Nāma* auch ein unübertreffliches Heilmittel gegen unsere körperlichen Leiden ist. Ein Naturheiler würde niemals zu seinem Patienten sagen: »Lade mich zu dir ein, und ich werde dein Leiden heilen.« Er wird ihm nur von dem all-heilenden Prinzip erzählen, das in jedem Sein ruht. Er wird ihn lehren, wie man sich selbst heilen kann, indem man es zum Leben erweckt und zu einer wirksamen Kraft im eigenen Leben macht. Wenn Indien die Macht dieses Prinzips begreifen könnte, dann wären wir nicht nur frei; wir wären auch ein Land, in dem gesunde Menschen leben, und nicht, wie heute, ein Land der Seuchen und der Krankheiten.

Die Wirkmacht von *Rāma-Nāma* unterliegt jedoch bestimmten Bedingungen und Begrenzungen. *Rāma-Nāma* hat nichts mit Magie zu tun. Wenn einer an Übersättigung leidet und von deren Folgen kuriert werden will, um gleich anschließend wieder am Tisch zu schwelgen, dann ist *Rāma-Nāma* nichts für ihn. *Rāma-Nāma* kann nur für einen guten, niemals für einen schlechten Zweck gebraucht werden, sonst wären Diebe und Räuber die größten Beter. *Rāma-Nāma* dient der Reinheit des Herzens und denen, die rein werden und bleiben möchten. Es kann niemals ein Mittel für Zügellosigkeit sein. Die Medizin gegen Übersättigung ist Fasten und nicht Gebet. Das Gebet kommt erst dann hinzu, wenn das Fasten gewirkt hat. Gebet kann das Fasten einfach und erträglich machen. Genauso wird *Rāma-*

Nāma zur sinnlosen Farce, wenn man sich gleichzeitig mit Medikamenten betäubt. Ein Arzt, der den schlechten Angewohnheiten seines Patienten noch Vorschub leistet, schadet sich selbst und seinem Patienten.

Kann es darum einen größeren Schaden für den Menschen geben, als seinen Körper, der doch der Anbetung seines Schöpfers dienen sollte, selbst zum Gegenstand der Anbetung zu machen und Geld ohne Ende zu verschwenden, damit dieser Körper irgendwie funktioniert? *Rāma-Nāma* hingegen heilt und reinigt gleichzeitig, und so hebt es den Menschen empor. Darin liegen sein Nutzen und seine Begrenzung. (184/185)

Innere und äußere Reinigung

Ein Mensch, der *Rāma-Nāma* übt und so sein Inneres reinigt, kann auch äußerlich keinen Schmutz ertragen. Wenn Millionen von Menschen *Rāma-Nāma* wirklich ernst nehmen würden, gäbe es keine Krawalle mehr – ein echtes soziales Übel – und auch keine Krankheiten. Dann würde das Königreich des Himmels auf die Erde kommen. (200)

Geistiger Balsam …

Für den Frieden des Geistes ist *Rāma-Nāma* der beste Balsam. Halt dich im Zaum, wenn dich eine Leidenschaft beunruhigt. Es gibt nur eine Möglichkeit, im Lichte Gottes zu wandeln, und das ist, seiner Schöpfung zu dienen. (198)

… gegen den Zorn

Wenn du zornig wirst, dann schweig und überwinde deinen Ärger, indem du *Rāma-Nāma* wiederholst.

(198)

Tag und Nacht

Wenn du den Namen Rāmas wiederholst, sobald du am Morgen aufstehst und bevor du am Abend zu Bett gehst, wird dein Tag gut verlaufen, und die Nacht wird ohne schlechte Träume vorbeigehen. (176)

Das größere Wunder

Es gibt wohl kaum einen Menschen auf dieser Welt, der völlig frei ist von Leiden, seien sie nun körperlicher oder geistiger Art. Für einige davon gibt es auf Erden keine Heilung. Zum Beispiel kann *Rāma-Nāma* nicht das Wunder vollbringen, ein verlorenes Körperglied zu ersetzen. Aber es kann das noch viel größere Wunder vollbringen, dir zu helfen, trotz dieses Verlustes in deinem Leben einen unbeschreiblichen Frieden zu erfahren. Es kann dem Tod seinen Stachel rauben und dem Grab den Sieg am Ende unserer Lebensreise. Da der Tod früher oder später jeden ereilen wird – warum sollte man sich da über den Zeitpunkt Gedanken machen? (87)

Stärker als die Atombombe

Wenn ich mich recht erinnere, hat meine Mutter mir Medizin gegeben. Aber sie glaubte auch an Zaubersprüche und Amulette. Auch gebildete Freunde von mir glauben daran. Ich jedoch nicht. Es gibt keine Verbindung zwischen *Rāma-Nāma,* so wie ich es verstehe, und Zauberformeln. Ich habe gesagt, *Rāma-Nāma* im Herzen zu tragen bedeutet, dass einem Hilfe von einer einzigartigen Macht zuteil wird. Verglichen damit ist die Atombombe nichts. Diese Macht ist in der Lage, alle Leiden zu beseitigen. Man muss jedoch zugestehen, dass es leicht ist zu sagen, *Rāma-Nāma* müsse aus dem Herzen kommen, aber dies in die Tat umzusetzen ist sehr schwer. Dennoch, es ist das größte Gut, das ein Mensch besitzen kann. (188)

Vergänglichkeit

Die leibliche Existenz des Menschen ist letzten Endes vergänglich. Sie kann ihrer Natur nach nicht ewig dauern. Und dennoch macht der Mensch sie zu einem Fetisch und vernachlässigt dabei den unsterblichen Geist in seinem Inneren. Ein Mensch, der an *Rāma-Nāma* glaubt, wird aus seinem Leib keinen Fetisch machen, sondern wird in ihm nicht mehr sehen als ein Instrument um Gott zu dienen. Und um ihn für diesen Zweck brauchbar zu machen, ist *Rāma-Nāma* ein unfehlbares Mittel. (201)

Grenzenloser Reichtum

Rāma-Nāma ist nicht nur für einige wenige da: Es gilt für alle. Wer sich diesen Namen zu eigen macht, legt sich einen reichen Vorrat an, der unerschöpflich ist. Je mehr man davon wegnimmt, desto mehr wächst er an. Er ist einfach grenzenlos. Wie die *Upanishaden** sagen: Nimm grenzenlos vom Grenzenlosen, und grenzenlos viel bleibt übrig. Das ist ein unfehlbares Allheilmittel gegen alle Übel. Bedingung ist jedoch, dass es von Herzen kommt. Haben schlechte Gedanken von dir Besitz ergriffen, wirst du von Wollust oder Begierde geplagt? Es gibt keine Zauberformel, die dagegen so wirksam ist wie *Rāma-Nāma.*

(Und er brachte ein Beispiel:) Nehmen wir an, du stehst vor der Versuchung, mit einfachen, aber unredlichen Mitteln ein großes Vermögen anzuhäufen. Wenn du an *Rāma-Nāma* glaubst, dann wirst du dir sagen: Warum sollte ich für meine Frau und meine Kinder Reichtümer anhäufen, die sie verschwenden könnten – warum ihnen nicht lieber ein Vermächtnis hinterlassen in Gestalt eines guten Charakters, einer vernünftigen Erziehung und einer Ausbildung, mit der sie ihren Lebensunterhalt durch ernsthaften Fleiß und körperliche Arbeit selbst verdienen können? Unablässige Wiederholung von *Rāma-Nāma* wird trügerische Vorstellungen und falsche Einflüsse vertreiben, und es wird dir lebhaft zum Bewusstsein kommen, dass du ein Narr gewesen bist, dich zum Wohl der Deinen nach Millionen zu sehnen, statt ihnen den kostenlosen

* Bedeutende (anonyme) philosophisch-mystische Schriften der Hindus.

Schatz seines Namens anzubieten, der frei macht von allen Fesseln und aller Unrast. In der Freude dieser Erkenntnis wird ein solcher Mensch seiner Frau und seinen Kindern sagen: »Ich habe euch nicht den Schatz gebracht, um dessentwillen ich mich auf den Weg gemacht hatte, sondern etwas grenzenlos Kostbareres.« »Wo ist es? Zeig es uns«, werden sie ungläubig fragen. »Es ist der Name, der reicher ist als alle Reichtümer«, wird er antworten, »denn er stillt den Durst nach allen Schätzen. Er ist in meinem Herzen eingeschlossen.«

(203)

Offenherzig

Hanumān* hat sich sein Herz aufgerissen und gezeigt, dass darin nichts anderes war als *Rāma-Nāma*. Ich habe nichts von der Kraft eines Hanumān um mein Herz aufzureißen. Doch wenn einer von euch meint, er sollte dies tun, dann kann ich euch versichern, dass ihr darin nichts anderes finden werdet als die Liebe zu Rāma, den ich von Angesicht zu Angesicht sehe in den hungernden Millionen Indiens. (194)

Nichts anderes

Auch wenn du nichts anderes tust, hör nicht auf, *Rāma-Nāma* zu wiederholen. Eines Tages wirst du plötzlich das Licht schauen inmitten der Dunkelheit. (169)

* Ein Verehrer von Rāma, beschrieben im Epos »Rāmāyana«.

VII

Schlusspunkt

»Ich habe mein Zeugnis gegeben«

Obwohl mich vom politischen Horizont her nur Verzweiflung anstarrt, habe ich dennoch meinen Frieden nie verloren. Ja, ich habe viele Menschen kennen gelernt, die mich darum beneideten. Dieser Friede, das kann ich sagen, kommt aus dem Gebet. Ich bin kein Mann der Gelehrsamkeit, aber ich behaupte in aller Demut, dass ich ein Mensch des Gebetes bin. Die Form spielt für mich keine Rolle. In dieser Hinsicht muss jeder seinen eigenen Gesetzen folgen. Es gibt jedoch ein paar gut markierte Wege, und man geht sicher auf dem vorgebahnten Pfad, den die alten Lehrer geebnet haben. Ich selbst jedenfalls habe mein praktisches Zeugnis gegeben. Möge es nun jeder selbst versuchen und entdecken, dass als Frucht des täglichen Gebetes sein Leben um etwas Neues bereichert wird – etwas, was mit nichts anderem vergleichbar ist. (28)

Der letzte Wunsch

Seit ich mein Leben dem Dienen verschrieben habe, habe ich meinen Kopf in die Hände der Menschen gelegt. Es ist die einfachste Sache der Welt, mir den Kopf abzuhacken. Dazu braucht es nicht die geringste Vorbereitung oder Planung. Und niemals habe ich Schutz von außen gesucht. Ja, es ist völlig überflüssig, über meinen Schutz nachzudenken, da ich weiß, dass der allmächtige Gott mein einziger Schutz ist.

*

Ein Soldat strebt danach, nicht auf dem Krankenbett, sondern in der Schlacht zu sterben. Auf dem Tod liegt immer ein Segen, aber es liegt ein doppelter Segen auf dem Kämpfer, der für seine Sache stirbt, d. h. für die Wahrheit.

*

Ich hoffe, es wird genügend gewaltlose Widerstandskämpfer in Indien geben, von denen man einmal sagen kann: Sie haben sich ermorden lassen ohne Zorn und mit einem Gebet auf den Lippen – auch für ihre unwissenden Mörder.

*

Wenn jemand mich töten würde, und ich stürbe mit einem Gebet für meine Mörder auf den Lippen, wenn ich dabei an Gott denken würde und mir gewiss wäre, dass er im innersten Heiligtum meines Herzens gegenwärtig ist – nur dann könnte man von mir sagen, ich hätte die Gewaltlosigkeit des Tapferen gehabt.

*

Ich glaube an die Botschaft von der Wahrheit, wie sie alle religiösen Lehrer dieser Welt überliefert haben. Und ich bete beständig darum, dass ich niemals ein Gefühl des Zorns gegen die habe, die mich verleumden. Ich bete darum, dass ich, selbst wenn ich der Kugel eines Mörders zum Opfer falle, meine Seele erheben kann mit dem Gedanken an Gott auf den Lippen. Man darf mich jedoch einen Betrüger nennen, wenn meine Lippen in meinem letzten Augenblick auch nur ein Wort des Zornes oder der Beschimpfung gegen meinen Mörder hervorbringen.

*

Wenn jemand Kugeln auf mich abfeuert und ich sterbe ohne Stöhnen mit dem Namen Gottes auf den Lippen – dann sollt ihr der Welt sagen: Er war ein wahrer Mahātmā.

*

Ich sehne mich danach, ruhig aus dieser Welt zu scheiden mit *Rāma-Nāma* auf den Lippen.

*

Als Gandhi über die abgesperrte Gasse durch die Gebetsversammlung ging, nahm er seine Hände von den Schultern der beiden Mädchen, um die Gebetsversammlung zu grüßen. Da bahnte sich ganz plötzlich ein Mann mit Ellbogengewalt von rechts einen Weg in die Absperrung hinein. Manu dachte, er sei nach vorne gekommen, um Gandhis Füße zu berühren*, und wies ihn zurück, wobei sie sinngemäß sagte, es sei schon höchste Zeit zum Gebet, und versuchte, den Eindringling zu stoppen, indem sie seine Hand festhielt. Der

* Geste der Verehrung.

aber schüttelte sie gewaltsam ab, sodass das Āshram Bhajanawali*, Gandhis Spucknapf und die Mālā, die sie in der Hand hielt, zu Boden fielen. Als sie sich bückte, um die verstreuten Sachen aufzuheben, stellte er sich vor Gandhi hin – so nah, dass eine der herausgeschleuderten Patronenhülsen später in den Falten von Gandhis Gewand gefunden wurde. Drei Schüsse wurden kurz hintereinander aus einer Automatikpistole abgegeben. Der erste drang rechtsseitig in den Unterleib ein, der zweite traf den siebten Zwischenrippenraum rechts vom Brustbein und der dritte die rechte Brust. Der erste und zweite Schuss durchschlugen den Körper und traten am Rücken wieder aus. Der dritte blieb in der Lunge stecken. Beim ersten Schuss stoppte er seine Bewegung. Gandhi stand noch auf den Beinen, als der zweite Schuss fiel, und brach dann zusammen. Die letzten Worte, die er hervorstieß, waren: »Rāma Rāma.«

*

Nur einem unter Millionen wird der Tod zuteil um den er gebetet hat. (210–214)

* Liederbuch von Gandhis Āshrams.

Zeittafel

1869	2. Oktober: Mohandas Karamchand Gandhi in Porbandar (Kathiawar) geboren
1882	Verheiratung mit Kasturbai Nakanji
1888–1891	Jurastudium in London
1891	Rückkehr nach Indien, Rechtsanwalt in Bombay und Rajkot
1893	Entsendung nach Südafrika, politischer Führer der indischen Einwanderer
1894	Gründung der Natal Indian Congress-Party
1904	Wochenzeitung »Indian-Opinion«
1906–1914	Organisation des passiven Widerstandes gegen diskriminierende Gesetze
1905	Brāhmacharya-Gelübde (Keuschheitsgelübde)
1909	Gandhis erstes Buch erscheint: »Hind Swarāj« (Indian Home Rule), Briefwechsel mit Tolstoi
1910	Gandhi gibt seine Rechtsanwaltspraxis auf
1911	Feierliches Gelübde: Verzicht auf jedes Privateigentum
1914	Ausbruch des Ersten Weltkriegs, Rückkehr nach Indien
1915	9. Januar: Ankunft in Bombay, 20. Mai: Einrichtung des Sabarmati-Āshram in Ahmedabad
1919	Generalstreik gegen die Rowlatt Bill, die zur Inhaftierung ohne Verurteilung ermächtigt, öffentliche Wirksamkeit durch zwei Wochenzeitungen: »Young India« (in Englisch) und »Navajivan« (in Gujarati)
1920–1934	Gandhi führt als gewählter Präsident die Congress-Partei: gewaltloser Kampf gegen die britische Herrschaft, Zusammenarbeit mit den Moslems in der Khilafat-Bewegung
1922	Im März wegen Aufwiegelung zu 6 Jahren Gefängnis verurteilt
1924	Gandhi wegen Krankheit vorzeitig entlassen, fastet 21 Tage zur Versöhnung der Bevölkerungsgruppen

1925	Gandhis Autobiographie erscheint in wöchentlichen Fortsetzungen im »Navajivan«
1930	Im März/April »Salzmarsch« von Ahmedabad nach Dandi, Verhaftung und Inhaftierung bis zum 26. Januar 1931
1931	Abbruch der Kampagne des zivilen Ungehorsams, erfolglose Teilnahme an der 2. Round Table Conference in London
1932	»Fasten bis zum Tode« gegen getrennte Wahlen von Hindus und Unberührbaren
1933	Herausgabe des Wochenmagazins »Harijan«, Kampagne für die Unberührbaren (Harijans = Kinder Gottes)
1934	Gandhi legt die Führung im Congress nieder, aus dem er auch als Mitglied ausscheidet
1934–1939	Ausbau der Volksbewegung, Hauptquartier wird Sevagram bei Wardha in Zentralindien
1939	Ausbruch des Zweiten Weltkriegs: Gandhi ruft zum Boykott der Aufrüstung auf
1942	Gandhi fordert die völlige Unabhängigkeit Indiens, wird mit anderen Congress-Führern am 9. August verhaftet, während der Haft in Poona stirbt Kasturbai
1944	Entlassung aus der Haft, Scheitern der Bemühungen um eine Verständigung mit der Moslem-Liga von M. A. Jinnah
1947	3. Juni: Verkündung der Teilung Britisch-Indiens in Pakistan und Indien durch den britischen Premierminister Clement Attlee, für Gandhi »eine geistige Tragödie«
	15. August: Indien und Pakistan erhalten ihre Unabhängigkeit
1948	20. Januar: Bombenattentat auf Gandhi in New Delhi
	30. Januar: Gandhi wird von dem Hindufanatiker Nathuram Godse in New Delhi erschossen

Literaturhinweise

Die Auswahl der Texte von Mahātmā Gandhi erfolgte mit freundlicher Genehmigung des Navajivan Trust, Ahmedabad 380014, India, bei dem auch das Copyright für diese Texte liegt. Die Überschriften stammen von der Übersetzerin. Sämtliche Texte sind dem Sammelband »Prayer« von Mohandas Karamchand Gandhi (herausgegeben von Navajivan/Ahmedabad 1977) entnommen. Die Zahlen am Ende jedes Textes verweisen auf die entsprechenden Seiten in diesem Buch.

1. Weitere Werke, Schriften, Textausgaben

Collected Works. 90 Bände, New Dehli 1958–1984.
Gewaltfrei leben. Übers. und hrsg. von Detlef Kantowsky; Fotos von Andreas Hoffmann, Zürich 1992.
Wahrhaft sein. Übers. und hrsg. von Detlef Kantowsky; Fotos von Andreas Hoffmann, Solothurn und Düsseldorf 1995.
Eine Autobiographie – oder: Die Geschichte meiner Experimente mit der Wahrheit, Gladenbach/Hessen, 4. Aufl. 1984.
Mein Leben. Hg. von C. F. Andrews mit einem Nachwort von Curt Ullerich (suhrkamp taschenbuch 953), Frankfurt/M. 1983.
Sarvodaya – Wohlfahrt für alle. Mit Beiträgen von Vinoba Bhave u. a. Aus dem Engl. von Karl Müller, Gladenbach/Hessen, 4. Aufl. 1993.
Fritz Kraus (Hg.): Vom Geist des Mahatma. Ein Gandhi-Brevier, Baden-Baden 1957.
Freiheit ohne Gewalt. Eingel., übers. und hg. von Klaus Klostermeier, Köln 1968.
Handeln aus dem Geist. Ausgew. und eingel. von Gertrude und Thomas Sartory (Herderbücherei 632: Texte zum Nachdenken), Freiburg i. Br., 4. Aufl. 1980.
Richard Attenborough (Hg.): Mahatma Gandhi, Ausgewählte Texte, München 1983.
Gandhi für Christen. Eine Herausforderung. Einleitung und

Textauswahl von A. Ronald Sequeira (Herderbücherei 1345), Freiburg i. Br. 1987.
Worte des Friedens. Hg. und eingel. von Maria Otto, Freiburg i. Br., 11. Aufl. 1996.
Friedvoll siegen. Die Kraft der Beharrlichkeit, München 1997.
Wege und Mittel. Aus dem Engl. von Sarma Marla, Zürich 1996.
Wer den Weg der Wahrheit geht, stolpert nicht. Worte an einen Freund. Aus dem Engl. von Karl Pichler. Einführung von Martin Kämpchen, München, 4. Aufl. 1997.

2. *Veröffentlichungen über Gandhi*

Michael Blume: Satyagraha. Wahrheit und Gewaltfreiheit, Yoga und Widerstand bei M. K. Gandhi, Gladenbach 1987.
Eknath Easwaran: Der Mensch Gandhi. Sein Leben ist seine Botschaft (Herder/Spektrum 4564), Freiburg i. Br. 1997.
Erik Erikson: Gandhis Wahrheit. Über die Ursprünge der militanten Gewaltlosigkeit, Frankfurt/M. 1971.
Louis Fischer: Das Leben des Mahatma Gandhi, München 1951.
Ignatius Jesudasan: Mahatma Gandhis Weg zur Freiheit, Olten und Freiburg i. Br. 1987.
Detlef Kantowsky: Gandhi – Coming Back from West to East?, in: Gandhi Marg, New Delhi 3/1983.
Heimo Rau: Mahatma Gandhi, mit Selbstzeugnissen und Bilddokumenten dargestellt (rowohlts monographien 172), Reinbek bei Hamburg 1970.
Dietmar Rothermund: Mahatma Gandhi. Eine politische Biographie, München 1989, 2. Aufl. 1997.
Otto Wolff: Mahatma und Christus. Eine Charakterstudie Mahatma Gandhis und des modernen Hinduismus, Berlin 1955.
Otto Wolff: Indiens Beitrag zum neuen Menschenbild: Ramakrishna, Sri Aurobindo, Mahatma Gandhi, Hamburg 1957.
Otto Wolff: Mahatma Gandhi – Politik und Gewaltlosigkeit (Persönlichkeit und Geschichte, Bd. 31), Göttingen/Berlin/Frankfurt a. M. 1963.

Klassiker der Spiritualität.
Große Autoren.
Orientierung für das Leben

C. S. Lewis
Über die Trauer
80 Seiten
ISBN 3-491-71302-1

Otto-Paul Hessel
Das Glück des Lebens.
Von der Zuversicht des Glaubens
120 Seiten
ISBN 3-491-71301-3

Marcel Messing
Ein unwegsames Land. Die Kunst des Loslassens
160 Seiten
ISBN 3-491-71300-5

Eugen Drewermann
Eine Liebe stärker als der Tod.
Meditationen zu Passion und Ostern
150 Seiten
ISBN 3-491-50111-3

Bücher zum Verweilen
und Meditieren
Patmos Spiritualität

Patmos